LES

Chemins de Fer Exotiques

MEXIQUE — COLOMBIE — NICARAGUA
COSTA-RICA - SAN-SALVADOR - HONDURAS
VENEZUELA — ÉQUATEUR — PÉROU
ARGENTINE — BRÉSIL — CHILI
URUGUAY — ÉTATS-UNIS — CANADA

PAR

H.-A. BROMBERGER

PRIX 3 FRANCS

Édition du
Moniteur Économique et Financier
132, rue de Rivoli, 132

DU MÊME AUTEUR

EN PRÉPARATION :

Nos Grands Établissements DE CRÉDIT

PREMIÈRE PARTIE

Nos grands Établissements de Crédit et le Commerce français

DEUXIÈME PARTIE

Nos grands Établissements de Crédit et les Entreprises étrangères

La plupart des chapitres de ce volume ont paru en articles séparés dans le *Moniteur Economique et Financier*, qui est resté mon éditeur. Je m'en voudrais, en terminant cet ouvrage, de ne pas me féliciter ouvertement de la singulière indépendance de ce journal. Mes confrères de la presse financière comprendront ma joie d'avoir découvert cet asile.

B.

1er Août 1913.

Les Chemins de Fer Exotiques

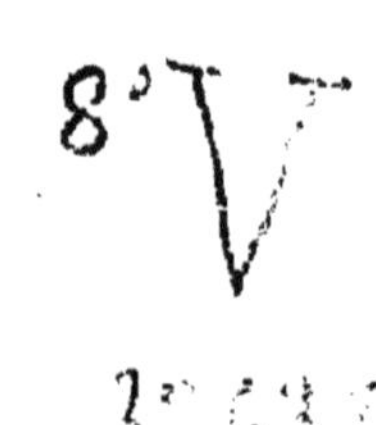

H. A. BROMBERGER

Les Chemins de Fer Exotiques

MEXIQUE — COLOMBIE — NICARAGUA
COSTA-RICA — SAN-SALVADOR
HONDURAS — VÉNÉZUÉLA — ÉQUATEUR
PÉROU — ARGENTINE
BRÉSIL — CHILI — URUGUAY — ÉTATS-UNIS
CANADA

Édition du "*Moniteur Économique et Financier*"
- 132, Rue de Rivoli -

PRÉFACE

PRÉFACE

La Mode ne règne pas seulement sur des foules dociles, elle règne aussi au Parlement et dans l'Opinion.

Or, il n'est pas de sujet plus à la mode, à l'heure présente, que celui de la défense de l'Epargne.

Sans doute, l'on ne s'inquiète guère de savoir si protéger l'Epargne n'empiète point encore sur les droits du citoyen. Il suffit que l'on se rende compte, brusquement, que l'argent français s'épand, sans profit, pour les réserves actives de la Nation, sur des œuvres mort-nées.

Et voilà qui émeut les pouvoirs constitués, et voilà qui déroute les tranquilles notions ordinaires de ce que nous apprîmes, par des façons détournées, à l'École de Droit, et ce que l'on décore du nom pompeux d'« Économie Politique ».

L'objet de ce livre ne fut point arbitrairement choisi.

Aussi bien nos recherches eussent pu se tourner vers d'autres domaines, et nous aurions pu nous demander ce qu'il est resté à l'épargne française en dehors de vignettes bariolées de charbonnages, comme : *la* Canadian Coal, *la* Canadian American Coal and Coke Cy Ld (Mine de Frank.), *les* Cawdor and Garnant Collieries Ld, *la* Hyon-Ciply, *les* Charbonnages de Laviana, *les* Charbonnages d'Osani, *les* Charbonnages Serbes, *les* Charbonnages de Nægy-Barod, *l'*Est d'Andenne, *les* Houillères de Cistierna et d'Argojevo, *la* Pantmawr, *le* Pobedenko, *les* Houillères de San-Martino, *l'*Ujo-Mières, *les* Pocahoutas Collieries, *l'*Anthracite de Bokovo, *les* Charbonnages de Beeringen, *la* Malonne-Floreffe, *les* Mines de Nichava, *la* West Canadian Collieries *et d'autres, que d'autres ! rencontrés en douze ans de vie financière, à propos desquels l'épargne française fut drainée au bénéfice supposé de l'Espagne, du Canada, de la Belgique, du Pays de Galles, de l'Etat de Virginie, de la Russie, de la Serbie; comme si ce n'avait pas été suffisant pour l'épargne française d'être ruinée, en son propre pays, par les* Charbonnages de Champleix, *ceux de* Meyreuil, *ceux de la* Tarentaise, *les mines de* Blaymard *ou de* Bourbon-Saint-Hilaire *et les houillères diverses de* Buxy, *de* Saint-Micaud, *du* Couchant de Béthune, *du* Centre, *du* Maine *ou de l'*Hérault *et de la* Corrèze; *de partout, enfin, où il plaisait à un escroc ou à un fou de* *dire et prétendre qu'il y avait sous terre un morceau de combustible solide. Encore, ces derniers porteurs, étant ruinés, ils pouvaient se dire que leur argent n'était pas sorti de France et avait fait vivre des ouvriers français, mais les autres... Les autres n'avaient qu'à s'en prendre à eux-mêmes d'avoir laissé leurs économies se volatiliser dans des sociétés étrangères placées sous le régime de lois baroques et mises, par les distances ou des jurisprudences impraticables, loin de toutes revendications utiles.*

Les vieux annuaires financiers, quand on les feuillette, vous ont des façons d'obituaires ou des airs de martyrologes.

Dans le vaste cimetière où sont enterrées les sociétés anonymes disparues, il n'est pas de coins plus pressés que celui des entreprises minières. Sur tant de tombes, nous aurions pu relever des noms et retracer l'histoire de quelques-unes de celles qui par leur mirage séduisirent des hommes et les ruinèrent. Pour un instant, on eût pu faire revivre: Anditurri, Brasil Diamond, British Molybdenite, Calstock Tin and Copper, Capillitas Copper, Carballino Gold, Cevreni-Breg, Cloncurry, Cropino, Elansdrift Diamond, *les* Métalliques d'Estramadure, The Famatina *qui comme le phénix renaît plusieurs fois de ses cendres,* Francardo, Heen (Norway) Metal, *l'*Hellénique des Mines, *la* Hongroise des Mines, *la* Hongroise de Cuivre, *la* Huelva Copper, *elle aussi à transformations*, Joltaïa-Rieka, Karasson, Moesi Illir, Paramatta Copper, Queensland Copper, Quintera Mining, Rakhmanovka Krivoï-Rog, Rhodesia Copper, Rio Grio Copper, Tuco-Cheira, *le* Val d'Aran, Angelo Gold, Bucaramanga, Buffelsdoorn Estate, El Callao General, Chaterland, Coronation, General Dredging, Greene Cd, Guanajuato Almagamated, Henderson's, New-Kaffirs, New-Monte-Rosa, Windson Gold, Jubilee Gold, East Fingoll; *auxquelles sont venues se joindre à des dates plus récentes :* Bailor, Batopilas, Big-Pete, Buen Despacho, Central El Dorado, Canadian Gow Gauda Silver, Cobalt Star, Consolidated Mines of El Oro, Erueger Gold Run, Danube Mining Concession, de Lamar, Denek-Maden, Erie Cobalt Silver, Espiritu Mexican, Balcoba, Garn Alfaya, Gloria Copper, La Grange Placer, Kis-Banya, Montebras, Norwegian Copper, Norversberg Copper, Ouest-Africain Français, Oviedo Mercury, Ober-Rosbach, Salmantina, Santa Marta, Santo Nino, Saturno, Sierra Morena, Tarentula Omega, Telemarken, Tenabo Mining, Timbiqui, West Coat Smelting, *etc., etc., toutes mortes ou agonisantes.*

Mais encore nous n'avons point voulu parler des houillères ou des mines parce que tout le monde sait, ou du moins est censé savoir, que les entreprises de ce genre sont sujettes à tous les aléas, qu'un placement dans cette catégorie d'affaires n'est qu'un billet de loterie où le joueur n'ignore pas que, s'il peut caresser l'espoir de toucher la fortune, il reste encore beaucoup plus sujet à perdre sa mise.

Il n'en va pas de même quand des placeurs habiles ont fait miroiter aux yeux de Français naïfs ces mots magiques : Crédit Foncier, Chemin de fer.

On ne saurait confondre, cela va de soi, les Crédits Fonciers Exotiques avec le Crédit Foncier de France, pas plus qu'on ne saurait confondre avec les compagnies que nous allons examiner nos grandes compagnies de chemins de fer français. Mais l'illusion ne s'en est pas moins produite dans quelques cervelles.

Et puis ne disait-on pas à l'épargnant français que toutes ces voies ferrées à vocables sonores jouissaient sous leurs titres ronflants des garanties de l'Etat. Voilà bien de quoi faire souscrire les plus hésitants. L'émetteur négligeait du reste pour l'ordinaire d'exposer clairement que si la compagnie envisagée jouissait d'une garantie, cette garantie était limitée, conditionnée. Et puis quel était le garant ? Quelquefois seulement l'Etat de Zacatecas...

Pour avoir semé son or du ponant au levant, du Nord au Sud, dans tous les continents et dans pas mal d'îles, qu'est-il resté à Jacques Bonhomme, artisan ou petit rentier? Quoi, grands dieux! Quoi? Quelques larmes sans doute et de la misère.

Mais cela n'empêche pas les économistes ortho-

doxes, qui sont bons à moudre des propos asinaires, comme les orgues de Barbarie des rengaines, de prétendre inlassablement que la France s'enrichit en exportant son or. Jacques Bonhomme ne lit pas les solennelles bêtises des économistes orthodoxes, sans cela il perdrait du peu de respect qu'il possède encore et il estimerait, peut être avec quelques raisons, que pour bardés qu'ils soient de croix, de plaques et de grands cordons, les économistes orthodoxes ne sont que des... naïfs.

Et voilà pourquoi il n'est peut-être pas mauvais de songer à protéger l'épargne.

Ce petit livre n'a pas d'autre but que de montrer comme on la peut facilement égarer.

MEXIQUE

CHAPITRE PREMIER

LES CHEMINS DE FER MEXICAINS

Ferrocaril Mexicano del Centro. — Mexican Union Railway. — Mexico Northwerstern Railway. — Ferrocariles Nacionales de Mexico.

Le Mexique ! Ce nom pour nous évoque une campagne glorieuse, dont les origines furent troubles et la fin tragique.

Mais parce que nos armes furent mêlées pendant quelques semaines à la vie turbulente de ce pays, où la révolution est à l'état endémique, le Mexique a gardé pour le vieux capitaliste français, dont l'enfance entendit le nom glorieux de Puebla, un je ne sais quoi de familier.

Et comme si ce n'était point assez que le sang des nôtres ait fécondé cette terre des Gauchos, il s'est trouvé que des quantités d'entreprises mexicaines ont eu recours, encore pour se développer, à notre argent.

Il semble, du reste, que parmi toutes ces entreprises les Compagnies de chemins de fer aient été particulièrement malheureuses.

La plus triste de ces lamentables histoires est peut-être bien celle des *Chemins de fer Mexicains du Centre* (*Ferrocaril Mexicano del Centro*). C'était une toute petite ligne en forme de fourche dont le manche, partant de Camacho, lançait ses deux piques sur Bonanza et sur Mazapil. Le tout ne faisait pas 150 kilomètres. Le Gouvernement de Zacatecas garantissait l'emprunt obligataire de la Compagnie, mais avec cette clause restrictive que la valeur totale des obligations ne pouvait en aucun cas dépasser 26.000 piastres par kilomètre. Le Conseil d'administration se composait de Don Francisco Madero, de Don Gustavo Madero, de Don Alfonso Madero, etc. Mais ces messieurs avaient alors en tête la conquête du pouvoir et la prise de Mexico leur paraissait autrement avantageuse que le service par voie ferrée de petites villes aussi ridicules que la Noriega, Boco, Santa-Rosa, Presita, etc. L'argent des malheureux obligataires fondit au creuset de la révolution qui chassa Porfirio Diaz. On sait comment tout cela a mal fini. Madero au pouvoir, Ernesto Madero, ministre des Finances, Gustavo Madero, ministre de l'Intérieur, les porteurs de chemins de fer Mexicains du Centre pouvaient encore espérer. Les gens au pouvoir ont quelquefois de bons mouvements ! Mais, après la disparition tragique des protagonistes de cette louche affaire, il y a peu de chance que Camacho soit d'ici longtemps relié par le rail à Mazapil.

***

L'histoire des porteurs des obligations *Mexican Union Railway*, pour être moins tragique, n'est guère plus heureuse. Ici il ne s'agit plus de l'Etat de Zacatecas, mais de l'Etat de Sonora. La ligne n'était, du reste, pas beaucoup plus grande. Il ne s'agissait que de 145 kilomètres. Aucune garantie n'était accordée par aucun Etat, mais, en revanche, la Société était anglaise. Cette nationalité lui donna de suite une allure sérieuse dont quelquefois sont dépourvus les Conseils d'administration mexicains. Mais le prospectus d'émission contenait une perle où brillait de tous ses feux l'humour britannique. On y lisait : « Ces obligations prennent rang comme première hypothèque spéciale sur les concessions existantes et sur les chemins de fer construits ou à construire... » Prendre rang, même en première hypothèque, sur des chemins de fer à construire, c'est là une garantie digne de l'ingénieux cerveau de Mark Twain.

Les Assemblées se tenant « au lieu et date fixés par le Conseil », on apprit vaguement en mai 1912 que les recettes du trafic s'étaient élevées du 1er janvier 1910 au 30 septembre 1911, soit pendant vingt et un mois à £ 10.402 et que le déficit porté à l'actif du bilan s'élevait à £ 16.626. Le coupon d'août 1912 des obligations fut payé, mais depuis... Voici dans toute sa brutalité le communiqué que vient de faire paraître la Compagnie :

Avis est donné par la présente qu'à une assemblée des propriétaires des obligations de première hypothèque de la Compagnie, qui s'est tenue le 1er février 1913, une résolution extraordinaire a été passée, aux termes de laquelle les obligataires ont décidé (entre autres choses) d'accepter, au lieu de l'intérêt au taux de 6 o/o par an, un intérêt au taux de 3 o/o par an, à compter du 1er août 1912, jusqu'à l'époque où le chemin de fer de la Compagnie, à Ures, aura été construit et ouvert au trafic. L'intérêt, à compter du 1er août 1912 jusqu'au 1er février 1913, au taux de 3 o/o par an, sera payé à présentation du coupon n° 6, au siège de la Compagnie, n° 16, Finsburg Circus, Londres, E. C., tout jour de semaine, à l'exception du samedi.

Les coupons n° 6 devront être accompagnés, lors de leur présentation, des obligations correspondantes afin qu'un memorandum y soit inscrit au verso indiquant les modifications stipulées dans la résolution extraordinaire ci-dessus mentionnée.

Les obligations pourront être envoyées soit par l'intermédiaire d'une banque ou directement à la Compagnie par lettre recommandée. Dans ce dernier cas, les frais d'envoi seront supportés par la Compagnie.

Emises en 1910 au taux de 465 francs, ces obligations sont actuellement offertes hors Bourse entre 100 et 150 francs. Ajoutons qu'elles sont vainement offertes. L'Etat de Sonora a été très éprouvé par la révolution, mais les porteurs français le sont bien plus encore.

***

La *Mexico Northwerstern Railway Company* est une de ces Sociétés canadiennes sœur ou cousine des *Québec Railway*, des *Rio de Janeiro Tramway Light and Power*, des *Sao Paulo Tramway Light and Power*, etc., etc.

La personnalité, qui la domine, en la présidant, n'est autre que M. F. S. Pearson, administrateur de la *Brazil Railway*, président du syndicat Pearson, membre notable du Syndicat Farquhar, financier adroit, mais téméraire ; un de ces météores, enfin, comme en connaît seul le ciel du Nouveau Monde.

Les visées de M. F. S. Pearson étaient vastes.

Alfred de Vigny a écrit : « Le deuil de la vie est de ne pouvoir réaliser son rêve. » Ce doit être tout à fait l'opinion de M. F. S. Pearson, si ce gentleman, parmi ses nombreuses occupations, peut prendre le temps de philosopher sur la vie.

Quoiqu'il en soit, la *Mexico Northwestern Railway C°* fut constituée en 1909. Pourquoi fut-elle fondée ? On n'en sait rien, toujours est-il que le besoin de sa création ne se faisait pas du tout sentir.

Il s'agissait en l'espèce de fusionner trois petites lignes insignifiantes et de relier Chihuahua, capitale de ce nom, à El Paso. Mais voilà bien encore une préoccupation inutile, puisque Chihuahua est réunie à El Paso par une ligne des *Chemins de fer nationaux du Mexique* (ligne du Central

Mexicain, ancienne ligne du groupe Rockfeller). Comme la ligne des *Ferrocariles Nacionales* était droite, celle de la *Mexico Northwestern* se contenta de décrire un arc de cercle, en vertu sans doute de ce principe que le plus court chemin d'un point à un autre est la ligne courbe.

Mais M. F. S. Pearson se moquait un peu de ces détails. *De minimis non curat prœtor.* Il avait un plan, et un plan grandiose comme il convient à un administrateur de la *Brazil Railway*, à un homme qui fréquente et coudoie M. Percival, Farquhar et M. Knox Little. Il voulait donc — et le but était plus grandiose à coup sûr que celui de relier Chihuahua à El Paso — il voulait relier directement New-York à San-Francisco. Pour cela il suffisait de truster quelques Compagnies : le Lehig Valley par exemple, le Rock Island, le Wabash, le Missouri Pacific, le Denver and Rio Grande, etc., etc. La *Mexico Northwestern Railway* eût, du reste, fait partie de cette combinaison, car on songeait, en plus de la ligne principale, à des embranchements vers la Californie et le Golfe du Mexique.

Par malheur, M. Pearson n'était ni Harriman, ni Pierpont Morgan et il échoua piteusement.

La *Mexico Northwestern* fut donc obligée de se retrouver comme devant une Compagnie de troisième grandeur.

On l'eût laissé s'étioler sur sa ligne courbe et nul n'en eût parlé, si par malheur les porteurs d'obligations n'avaient pu lire un petit « poulet » de la

Compagnie en date du 21 janvier 1913 les invitant aimablement à se rendre à Toronto (Canada) le mercredi 12 février 1913, à midi, pour se réunir en assemblée extraordinaire.

Quand une Société prend la peine de convoquer ses obligataires, fût-ce même à Toronto, ce n'est jamais pour leur apprendre des choses agréables.

Ceux qui y allèrent n'y surent rien, en effet, que de triste. On leur apprit que les affaires de la Compagnie étaient loin d'être prospères.

Les recettes nettes qui étaient de 932.000 dollars en 1910 étaient tombées à 713.000 dollars en 1911 et plus bas encore en 1912 ; d'autre part, les charges, qui n'étaient que de 861.000 dollars en 1910, avaient passé à 1.038.000 dollars en 1911 et 1912, plus mauvais encore, avait vu les révolutionnaires mexicains causer des déprédations sans nombre à la Compagnie, volant ses marchandises, détruisant ses ouvrages d'art, arrêtant ses trains, tuant son personnel et lui causant à son estimation pour plus de 5 millions de dollars de dégâts de toute sorte.

Le déficit était dans le bilan, la dette flottante passait £ 860.000, etc.

Devant ce sombre tableau les obligataires furent invités le plus poliment du monde à renoncer à leur première hypothèque et à autoriser l'émission de £ 2.300.000 d'obligations 6 o/o.

Les obligations anciennes de la *Northwestern Railway* sont tombées à vil prix et il y a peu d'espoir qu'avant longtemps la Compagnie soit à même de reprendre son service d'intérêt.

Si M. F. S. Pearson était, 22 King Street, à Toronto, le mercredi 12 février 1913, à midi, il a dû faire des réflexions amères, qui n'auraient pas laissé indifférente l'âme candide et philosophe de M. Pickwick.

***

C'est en 1910 que les *Ferrocariles Nacionales de Mexico* firent leur apparition à la cote officielle de Paris.

Semblable à Minerve qui sortit tout armée du cerveau de Jupiter, cette Compagnie s'évada toute équipée, en 1908, du cerveau de José Limantour.

Elle fut créée, en effet, pour fusionner la *Mexican Central Railway* qui appartenait au groupe Rockfeller et le *National Railway of Mexico* qui appartenait au groupe Speyer.

A l'époque, on salua cet événement comme une victoire sur les trusts américains, comme une libération du territoire. L'Etat Mexicain s'était mis, du reste, de la partie, et c'est sur son inspiration et avec son appui que l'affaire fut menée à bien.

Mais les commentaires dont la presse salariée de Porfirio Diaz agrémenta cet événement apparaissent aujourd'hui bien exagérés. Sur les 21 sièges du Conseil d'administration une dizaine est encore détenue par des Yankees, les Speyer sont restés les banquiers de la Compagnie et si le siège social est à Mexico, le siège administratif est, dans Broad Street, à New-York, où s'assemble, du reste, un Comité qui sait parfaitement se faire entendre du Comité de Mexico.

Sans doute, le Gouvernement mexicain a bien obtenu que tout le personnel employé, en rapport avec le public, sache l'espagnol, mais les procédés d'administration sont restés complètement nord-américains. Et c'est là précisément qu'est le danger et c'est pourquoi tous ces détails ne sont pas oiseux.

Le capital social autorisé est de 460.000.000 de piastres mexicaines représenté par 2.300.000 actions de 200 piastres chacune se décomposant ainsi : 300.000 actions de première préférence, 1.250.000 actions de seconde préférence et 750.000 actions ordinaires. Tous ces titres n'ont pas été créés, voici leur montant à fin 1911-1912 :

Titres	Montant créé	Montant en circulation
Actions ordinaires	149.693 333	149.606.933
Actions de 1re préférence	57.665.800	57.662.000
Actions de 2e préférence	250.000.000	240.597.633
	457.359.133	447.866.566

Notons de suite que, seul, le montant autorisé a été entièrement émis pour les actions de deuxième préférence ; quant aux actions de première préférence, le montant en étant de 60.000.000 de piastres et des actions ordinaires le montant étant de 150.000.000 de piastres, il reste quelques-unes de ces deux dernières catégories d'actions à la souche.

Le capital obligations de la Compagnie est formidable.

Si nous nous reportons au dernier bilan publié, celui au 30 juin 1912, nous relevons les catégories suivantes d'obligations :

Dette obligataire	Montant nomin.	En circ.
	En piastres mexicaines	
Dette des Ferrocariles Nacionales de Mexico :		
a) Obligations or prior lien 4 1/2	218.050.662 12	169.638.630
b) Obligation or hypothèque générale 4 0/0	131.372.947 98	101.495.200
Dette de la National Railroad Cy of Mexico :		
a) Obligation prior lien 4 1/2	46.000.000 »	46.000.000
b) Obligation or, 1re hypothèque consol. 4 0/0	49.498.000 »	49.480.000
Dette de la Mexico International Railroad C° :		
Obligation prior lien 4 1/2	11.700.000 »	11.700.000
Obligation, 1re hypothèque consol. 4 0/0	14.413.000 »	8.413.000
Obligation Income	8.998.000 »	»
Actions et obligations des : *Mexican Centr. Ry C°, Nat. R. R. Company of Mexico, Mexican International R. R.*, encore aux mains du public	4.088.495 »	4.088.495
Trusts d'équipement et collatéral de la *Mexican Central Ry C° Ltd.*		
Oblig. or équipement et collatéral 5 0/0, 1re et 2e série	1.300.000 »	1.300.000
Total P.	486.421.105 10	387.115.325

Soit donc au total une somme de 1.216.052.762 francs 75 comme montant nominal et de 967 millions 788.302 fr. 50 comme obligations mises en circulation. Mais il faut tenir compte de ce fait que les obligations, non en circulation, sont remises aux mains de Syndicats,de trusts,de banquiers, etc., et qu'elles servent à gager de ces emprunts à court terme que pratique si aisément la Compagnie.

Mais si ce sont là les dettes personnelles de la Compagnie, et si elles sont déjà considérables, ce ne sont point tous les engagements pris par elle. Elle garantit :

Les obligations 4 1/2 0/0 or, 1re hypothèque, de la *Vera Cruz and Pacific R. R.* : ci..........P.	14.000.000
Les obligations 5 0/0 de la *Pan American R. R. C°*, obligations hypothèque : ci..............	4.800.000
Les obligations 4 1/2 or hypothèque générale de la *Pan America Railroad* : ci..............	7.308.000
Les obligations 5 0/0 or, 1re hypothèque, de la *Brownsville and Matamoros Bridge Company*, ci..................................	600.000
Total des engagements contingents........P.	26.708.000

soit environ 66.770.000 francs. Ce qui forme pour les Chemins de fer Nationaux du Mexique un ensemble d'engagements directs ou indirects de 1.282.822.762 fr. 75 d'obligations à long terme.

Les fonds investis dans cette entreprise s'établissent donc ainsi :

	Montant créé et nominal — En francs.	Montant en circulation —
Capital-actions	1.166.265.789 15	1.142.059.743 30
Capital-obligations...	1.282.822.762 75	1.034.558.302 50
	2.449.088.551 90	2.176.617.045 80

C'est donc en chiffres ronds près de 2 milliards et demi qui sont investis dans les 8.470 kilomètres de lignes des Chemins de fer Nationaux du Mexique.

Nous avons dit tout à l'heure que le montant presque total des actions ordinaires était détenu par le Gouvernement mexicain. En revanche, ce Gouvernement garantit les obligations 4 o/o hypothèque générale inscrites à nos cotes. Dès lors, ce titre est assimilable aux fonds de ce pays et nous ne nous en occuperons pas plus outre.

En revanche, nous croyons utile de retenir l'attention sur les actions seconde préférence qui se négocient au marché de Paris. Celles-ci constituent une véritable duperie.

Une duperie est le mot tellement exact qu'il n'y a pas d'autres mots. La répartition statutaire prévoit l'emploi suivant des bénéfices nets : 5 o/o à la réserve, 4 o/o d'intérêts non cumulatifs aux actions de première préférence, 5 o/o d'intérêt non cumulatif aux actions de seconde préférence, le solde aux actions de seconde préférence et aux actions ordinaires.

En fait, cela serait assez rémunérateur si l'on s'en tenait à ce seul énoncé ; par malheur en examinant de près les chiffres publiés par la Compagnie, on s'aperçoit de suite que les actions de seconde préférence ne sont que des titres décevants à peine comparables à des parts bénéficiaires. Car les parts bénéficiaires touchent parfois des dividendes et il n'apparaît que trop que les actions qui nous occupent n'en toucheront jamais.

Le mouvement des fonds pour les quatre derniers exercices connus s'établit ainsi :

Exercice clos au 30 juin	Recett. brutes	Dépens.	Recett. nettes	Solde pour div.
—	—	—	—	—
	En milliers de piastres.			
1909...........	48.804	29.166	19.638	1.203
1910...........	52.562	31.594	20.968	2.694
1911...........	61.934	39.280	22.654	2.429
1912...........	61.448	38.434	23.014	2.306

Certes, on ne saurait nier qu'il y ait une certaine progression dans les recettes, mais, par malheur, cette progression est aussi active dans les dépenses. Tandis qu'en effet les recettes brutes accusaient en 1911 sur 1909 une plus-value de 13.130.000 piastres, les dépenses, de leur côté, suivaient le même mouvement ascensionnel et s'accroissaient de 10.174.000 piastres. Aussi, les recettes nettes n'ont-elles pour ainsi dire qu'insensiblement varié, cependant que sous l'afflux sans cesse croissant des charges financières le solde pour dividende après s'être élevé assez rapidement en 1910 retombait lourdement en 1911 et fléchissait encore en 1912.

Bien entendu, le dividende des actions de seconde préférence n'a jamais été payé. Pour donner, en effet, 4 o/o aux actions de première préférence, soit 8 piastres par action, il faut décaisser 2 millions 306.632 piastres ; pour que les actions de seconde préférence puissent arriver à toucher leur dividende statutaire, il faudrait que les bénéfices nets atteignent au moins 14.836.245 piastres ou si l'on veut en chiffres ronds 15.000.000 piastres ! Qui ne voit que c'est là un leurre. Cela supposerait, en effet, que les recettes nettes, onze fois plus fortes sur la base de l'exercice 1911 que les bénéfices nets, atteindraient 165 millions de piastres et que les recettes brutes triples environ des recettes nettes se chiffreraient par 495.000.000. Il faudrait donc, pour que les actions seconde préférence Chemins de fer Nationaux du Mexique touchent leur dividende de 5 o/o, que la Compagnie réalisât chaque année des bénéfices bruts s'élevant aux environs d'un demi-milliard. C'est absolument chimérique.

En attendant cette heureuse éventualité, qui, du reste, ne se produira pas, demandons-nous quelle est la manière dont s'administre la Compagnie. Cette manière est essentiellement aventureuse. Les obligations du type ordinaire ne lui suffisent plus, elle a recours dès lors à l'emprunt à court terme. Le genre des « notes » à court terme paraît particulièrement goûté en Amérique. Il n'est pas sans d'assez graves inconvénients dont le plus notoire est le remboursement à bref délai.

Dans les derniers rapports publiés, nous voyons figurer ces notes pour une somme assez forte; or, il advint récemment qu'à l'instar de la *Saint-Louis San Francisco*, les *Chemins de fer Nationaux du Mexique* se trouvèrent dans l'impossibilité de faire face à 10 millions de piastres de « bons à court terme » venant à échéance le 1er juin 1913.

Mais tandis que pour le *Frisco*, la maison Speyer, suivant l'expression courante, « étrangla son client » pour les *National Rwy of Mexico*, cette même maison Speyer se contenta cette fois de « l'écorcher vif ». Elle avança, en effet, avec son groupe, £ 2.500.000 aux Chemins de fer Nationaux du Mexique. Mais à quelles conditions ! Déduction faite d'une Commission considérable en faveur des banques, le taux réel auquel ces capitaux sont apportés à la Compagnie est de 8.35 o/o. L'emprunt est, du reste, remboursable dans deux ans.

Aussitôt que l'opération a été conclue, les banquiers, qui l'ont garantie, ont essayé de la monnayer. Ils ont exigé, comme gage, la remise entre les mains de la *Central Trust Company of New-York*, fidéicommissaire, d'un paquet d'obligations de la *National Railways of Mexico*, ainsi décomposé : $ 24.800.000, prior lien 4 1/2 o/o ; $ 17 millions, hypothéque générale 4 o/o, dont la valeur marchande couvre, aux cours actuels, environ £ 6.600.000.

Forte de ces gages et de l'obligation de remboursement en deux ans, la maison Speyer and C° a donc lancé dans le public, avec le concours de la maison Schröder, une émission de £ 5.500.000 d'obligations 6 o/o placées dans la clientèle à 97 o/o. La différence entre l'intérêt qu'ils recevront de la *Compagnie des Chemins de fer Nationaux du Mexique* et celui qu'ils paieront au public constituera leur bénéfice. Celui-ci est, on le voit, fort appréciable.

Que la banque Speyer fasse fort bien ses affaires, nous nous en réjouissons avec elle, mais, comme l'intérêt du public est parfois en contradiction avec les intérêts de la maison Speyer, il n'est peut-être pas mauvais de se demander s'il n'est pas plus sage pour les porteurs d'actions *Chemins de fer Nationaux du Mexique* de sortir de cette affaire. Dans deux ans, en effet, les *Chemins de fer Nationaux du Mexique* ne pourront rembourser l'emprunt 1913 qu'en recourant à un nouvel emprunt, et ce nouvel emprunt, s'il faut en croire des gens informés, pourrait bien lui être refusé. D'autre part, d'après un avis officiel, les garants de l'émission des Notes or 6 o/o à laquelle il a été procédé dans la seconde semaine de juin recevront 76 o/o des 5.500.000 livres offertes en souscription, ce qui indique que la susdite émission n'a pas été jugée suffisamment tentante par le public. Ces considérations financières une fois faites, ajoutons que la marche d'exploitation de la Compagnie est à l'heure actuelle des plus précaires. On lit dans les journaux du Mexique que le trafic marchandises sur les lignes du réseau national mexicain, à l'exception des trois lignes : Interocéanique, Mexico Vera-Cruz et Hidalgo, a été suspendu à la date du 1er mai dernier. La Compagnie n'a maintenu que les trains de voyageurs et les trains militaires. Cette mesure a dû être prise par suite de la pénurie de combustibles : pétrole ou charbon, pour les locomotives, et de l'interruption des embranchements de Tampico à San-Luis de Potosi et Aguascalientes, de Tampico à Monterrey. Ce n'est évidemment pas dans de pareilles conditions que la Compagnie pourra faire face aisément à de si lourds engagements.

Si elle ne le peut pas, ses banquiers américains la feront mettre en faillite. Vraisemblablement ce ne sont pas les actionnaires du premier rang qui paieront les pots cassés, ce n'est pas l'Etat mexicain, porteur des actions ordinaires, mais il y a gros à parier que ce soient les actionnaires de second rang dont tous les titres sont placés aux mains de naïfs porteurs.

Ils ont, du reste, commencé à faire le dur apprentissage des pertes à subir. Si nous jetons les yeux sur les variations des cours enregistrées par leurs titres nous constatons un déchet satisfaisant :

Cours des actions seconde préférence.

Années	Pl. haut	Pl. bas
1910	197	134
1911	201	140
1912	189	138
Cours au 15 juillet	65	

COLOMBIE

CHAPITRE II

CHEMINS DE FER COLOMBIENS

The Colombian Central Railway. — The Colombian National Railway. — Great Northern Railway of Colombia.

Si les chemins de fer mexicains ont causé bien des déboires à leurs porteurs, les chemins de fer colombiens n'ont pas jugé à propos de rompre avec une solidarité bien latino-américaine.

Tout comme la *Mexican Union Railway Cy, The Colombian Central Railway Cy Ld* est une Société anglaise, qui fut, encore à l'instar de la précédente, introduite sur notre place par une banque italienne. Le dernier bilan que nous ayons sous les yeux, celui de 1910 — depuis il n'en a pas été publié d'autres en France — est d'une sincérité touchante.

BILAN

Actif.

Immobilisations et dépenses à amortir...........£	436.919
Caisses et Banques...........................	837
	437.756

Passif.

Capital	300 000
Obligations émises	105.000
Créditeurs divers	32.750
	437.750

C'est là à coup sûr une situation financière obérée même pour une Compagnie qui a pour but de construire un chemin de fer de Zipaquira à Chiquinquira. Ce bilan révèle, en effet, que, pour faire face à 818.900 fr. de dettes, la Compagnie a en tout et pour tout, comme actif, 20.925 fr., c'est-à-dire tout juste un peu plus du quarantième de ce qui est nécessaire. Cela ne surprendra guère si l'on veut bien se rendre compte que le capital de £ 300.000 (7.500.000 francs) n'a jamais été souscrit. En effet, sur ce capital de £ 300.000 en 30.000 actions de £ 10 chacune : 8.000 furent attribuées au Gouvernement colombien, 12.000 à la *Colombian Northern Ry Cy* en paiement de [illegible] concession et 10.000 aux promoteurs. Il ne fut donc pas versé un farthing sur le capital-actions.

Il fut réservé aux obligataires français l'honneur et la charge de fournir les capitaux nécessaires pour poser la première traverse et river le premier boulon.

En 1908, l'obligation *The Colombian Central Railway* cotait 470 francs, on l'inscrit aujourd'hui à 49 en attendant pire.

The Colombian National Railway Cy Limited se présente comme une Société de plus vaste envergure. Elle est privilégiée par le Gouvernement colombien. Mais le Gouvernement colombien est un Gouvernement sage et peu prodigue, et il pratique avec assiduité la politique du « donnant donnant ». Aussi, sur le capital de £ 900.000 de la *Colombian National*, lui fut-il remis gracieusement £ 300.000. Le but de la Société était de relier la capitale : Santa-Fé de Bogota au port de Girardot sur le fleuve Magdalena.

La Compagnie ne jouit pas d'une remarquable aisance de trésorerie. La lecture du dernier bilan publié fait ressortir, d'abord, que pour un capital de £ 900.000, il y a une dette obligataire de £ 1 millions 480.000 et ensuite qu'en dehors de cette première dette la Compagnie est grevée de £ 307.979, d'autres dettes diverses, ce qui forme le total coquet de £ 1.787.979 soit 34.799.475 francs. Et pour y faire face la Compagnie jouit d'un actif disponible et réalisable de £ 41.456, soit de 1 million 037.400 fr. Encore convient-il d'ajouter que le compte profits et pertes figure à l'actif et se solde par une perte de £ 132.036, soit 3.300.900 francs.

Cette situation lamentable nécessita l'intervention du Council Of Foreign Bondholders. En effet, les obligations émises par la Compagnie se divisaient en deux catégories : les obligations 1re hypothèque dites gouvernementales et les obligations 2e hypothèque.

A la suite de longues négociations et de laborieux pourparlers, le Council of Foreign Bondholders vient de recevoir une proposition portant sur l'échange des obligations hypothécaires 2e rang de la *Colombian National Railway Company, Ltd.*, contre de nouvelles obligations 6 o/o du Gouvernement colombien gagées sur les Douanes de la République avec jouissance à partir du 1er mars 1913, remboursables par un fonds d'amortissement de 1 o/o l'an. Le taux de l'échange serait de £ 100 des deuxièmes obligations tous coupons attachés, pour £ 85 des nouvelles obligations 6 o/o. Le Gouvernement de la Colombie s'engagerait à délivrer les nouvelles obligations autant que possible sous la même forme que les obligations Extérieures 3 o/o de la République.

Les choses en sont là pour les obligations de la seconde hypothèque ; quant à celles de la première, elles sont gagées du moins par le Gouvernement colombien. Mais, garanties ou non, leurs porteurs n'en ont déjà pas moins subi un amoindrissement sensible de leur capital. En effet, alors qu'en 1909 leur titre s'inscrivait encore à 465 francs, il ne se traite plus guère qu'aux environs de 390 francs.

***

Le *Great Northern Central Railway of Colombia* aura coûté plus encore à ses porteurs, car à l'amoindrissement de leur capital est venu s'ajouter la réduction de leur intérêt. Mais par un juste retour des choses d'ici-bas, alors que pour le *Colombian National Railway* c'étaient les obligataires anglais porteurs de la seconde tranche qui avait pâti, pour le *Great Northern Central* ils devaient être privilégiés et les obligataires français lésés. Voici ce qu'il advint. Le *Great Northern Central* ne pouvait plus faire face au service de ses obligations. Il proposa dès lors à ses créanciers hypothécaires un arrangement comportant l'annulation des anciens titres 5 1/2 0/0 et l'émission de nouveaux titres 5 0/0 garantis par le Gouvernement colombien.

L'émission ne devant être réalisée qu'au fur et à mesure de l'avancement des travaux; seuls, les porteurs d'obligations anciennes de la première tranche, émise à Londres, recevaient immédiatement des nouvelles obligations garanties. Les porteurs d'obligations de la deuxième tranche, placée en France, n'entraient en possession des obligations nouvelles qu'à l'achèvement de la première section de la ligne, pour lequel un délai de dix-huit mois était prévu. En attendant, la Compagnie leur délivrait des certificats provisoires non garantis, mais portant intérêt.

Pour expliquer l'attitude de la Compagnie il convient d'ajouter que le Gouvernement colombien n'avait promis sa garantie d'intérêt à 5 1/2 0/0 que pour un montant de £ 192.000 correspondant à l'exécution des vingt premiers kilomètres de cette ligne, partant de Puerto-Wilches et devant aboutir à Bogota. Au lieu d'émettre pour £ 192.000 d'obligations, la Compagnie en avait émis pour £ 1.478.000, ce qui n'est pas du tout la même chose.

Au surplus, la Compagnie avait procédé de la même façon que les Compagnies précédentes. Son capital était de £ 500.000 divisé en 500.000 actions de £ 1. Sur ces 500.000 actions 493.993 actions avaient été remises aux apporteurs, 5.000 n'avaient jamais pu trouver preneurs et restaient à la souche et le solde soit 1.007, avaient été péniblement libérées de 2 sh. soit de 3 fr. 10.

La Compagnie, du reste, paraissait avoir la main généreuse. On pouvait lire, en effet, dans le bilan qu'elle avait dû publier au *Journal Officiel* lors de l'introduction de ses obligations à la Cote de Paris, ces lignes sans ambiguité :

Frais de constitution et d'émission.....£	17.726	16 ·	1
Commissions et courtages pour l'émission des obligations	11.713	00	1

Ce que coûtent à Londres les frais de constitution de Société, on le sait et cela ne coûte relativement pas cher, mais que la Compagnie ait encore trouvé le moyen de faire des frais d'émission pour le placement de ces 1.007 actions libérées de 3 fr. 10, ça c'est vraiment un comble.

Quoiqu'il en soit, lorsque la Compagnie proposa à ses obligataires l'arrangement ci-dessus mentionné, elle rencontra quelques résistances et l'*Association Nationale des Porteurs Français de valeurs étrangères* dut intervenir dans le dessein de leur faire réserver une meilleure part.

Chose triste à dire : en dépit de tout son bon vouloir, l'*Association Nationale,* après de longs pourparlers, se heurta à une fin de non-recevoir complète de la part de la Compagnie. Bien plus, la Compagnie, avec une désinvolture où se traduisaient à la fois le flegme britannique et la morgue espagnole, négligea complètement de payer les coupons de janvier et de juillet des porteurs acceptant ses conditions. Les choses en sont là...

NICARAGUA
COSTA-RICA — SAN SALVADOR
HONDURAS

CHAPITRE III

CHEMINS DE FER NICARAGUAYENS

Company general of Central America (Atlantic Pacific Railway).

Ce serait à coup sûr bien de la présomption que de vouloir exiger des peuples vivants sous la zone torride une mentalité semblable à la nôtre, et l'on peut consentir à ce que la politique financière, pratiquée entre le tropique du Cancer et celui du Capricorne ne soit pas identique à la sage prudence, qui a toujours été le lustre d'une race économe comme la race française. Mais encore serait-il souhaitable — au moins pour les porteurs français — que ces mots « construire un chemin de fer en Colombie », ne soient pas strictement synonyme de « bâtir des châteaux en Espagne ».

Si l'ampleur du but suffisait à donner la fortune, jamais Société n'eût été à même d'enrichir autant ses actionnaires que *The Company general of Central America* (*Atlantic Pacific Railway*). Ce titre fastueux englobait tout un programme où la variété des objets le disputait à l'insuffisance des moyens. Le théâtre des opérations était le Nicaragua. La Compagnie se proposait d'exercer un privilège de navigation sur le Rio-Grande, d'exploiter une concession de chemins de fer qui devait relier l'Atlantique au Pacifique, elle devait établir à l'embouchure du Rio-Grande, sur la mer des Antilles, un vaste bâtiment des douanes, installer une station de charbon et une escale à l'île Man of War; elle se proposait, au surplus la création d'une scierie à vapeur, l'achat de terrain pour la culture de la banane, la création d'abattoirs, d'entreprises frigorifiques pour la conserve des viandes et des fruits et le dragage de sables aurifères, etc. Ainsi la Compagnie devait s'occuper pêle-mêle de pépites d'or et de viande frigorifiée, de messageries fluviales et de culture de bananes, de scieries mécaniques et de voies ferrées, Devant cette diversité troublante d'occupations hétéroclites, qui était à coup sûr de nature à ahurir le souscripteur éventuel, les articles recommandant cet étrange valeur soulignaient : « On comprendra que l'exécution d'un pareil programme nécessite d'importants capitaux et un délai raisonnable pour conclure les accords nécessaires. » Le délai raisonnable s'est écoulé depuis longtemps ; quant aux importants capitaux ils se réduisent à la somme de 375 francs (*Trois cent soixante-quinze francs*), total du capital versé.

En effet, le fonds social était fixé primitivement à $ 12.500.000, représenté par 2.500 actions ordinaires d'une valeur nominale de 5 dollars chacune. Au moment de la constitution, il fut créé encore 100.000 actions privilégiées de 20 dollars chacune. Il fut attribué aux apporteurs les 100.000 actions privilégiées, plus 2.499.985 actions ordinaires sur les 2.500.000 formant le capital. Il restait donc à souscrire 15 actions de 5 dollars, soit 375 francs. Même pas de quoi payer les frais de constitution de la Société. Et c'est avec cette somme dérisoire que la vaste entreprise devait être abordée. L'affaire était mort-née. Mais les hommes d'affaires yankees et nicaraguayens qui se trouvaient à la tête de l'entreprise songèrent aux Français et on leur demanda de bien vouloir fournir quelque argent, contre quoi il leur serait remis des obligations.

Par bonheur pour ces derniers, une révolution éclata au Nicaragua, balayant le président Zalaya et installant M. Estrada précisément au moment où se faisait le placement de ce papier néfaste et le stock qui nous était réservé ne put être entièrement écoulé.

Un certain nombre ne s'en trouva pas moins placé et le titre d'une valeur nominale de 500 fr. vaut probablement aujourd'hui le poids du papier.

Quant à la Compagnie on n'entend plus parler d'elle. Elle a complètement négligé de publier ses comptes et de payer ses coupons. Le siège administratif de Paris a disparu ; le siège social, s'il existe encore, est à Prescott (U. S.). C'est un bluff de plus qui a mal tourné.

Costa-Rica a bien son charme, mais si quelques-unes de ses Compagnies de chemins de fer telles que le *Chemin de fer de l'Atlantique*, le *Chemin de fer du Pacifique* ou le *Chemin de fer de Puntarenas à Esparta* semblent avoir relativement réussi, certes, il n'en saurait aller de même quand il s'agit de la *Costa-Rica Railway* dont le dernier revenu s'est perdu dans la mémoire des coteurs.

La République de San-Salvador laisse à nos capitalistes français des souvenirs assez pénibles, également la République du Honduras. Les obligations de chemins de fer présentées dans notre pays ont renouvelé pour leurs porteurs ces fortes émotions du jeu que Guy de Maupassant qualifiait si finement de « poisons cardiaques ».

VÉNÉZUELA

CHAPITRE IV

LES CHEMINS DE FER VÉNÉZUELIENS

Compagnie française des Chemins de fer Vénézueliens. — Venezuela Central Railway.

La France, en cent ans, eut la joie de connaître quatre révolutions, c'est à peu près ce que le Vénézuela en compte par semestre. Mais cela ne serait encore rien — ou du moins peu de chose — si la mauvaise foi du Gouvernement de Caracas n'égalait pas la foi punique. La *Compagnie Française des Chemins de fer Vénézueliens* en sait quelque chose. Cette Compagnie, pour sauver le restant de son prestige, se décida aux plus douloureux sacrifices ; mais il est des circonstances où les sacrifices ne servent de rien.

Constituée le 26 octobre 1888 pour une durée de 99 ans, la *Compagnie Française des Chemins de fer Vénézueliens* se proposait la construction et l'exploitation d'un chemin de fer partant de Mérida (capitale de l'Etat de ce nom) et aboutissant au lac de Macaraïbo (Etat de Zulia). La ligne en projet comportait 160 kilomètres, mais la ligne construite n'en dépassa jamais 60. Mise en liquidation judiciaire le 2 novembre 1892 par un jugement du tribunal civil de la Seine, la Compagnie obtint le 10 février 1893 un concordat qui fut approuvé par la juridiction compétente le 6 mars suivant et la Compagnie, remise en possession de son actif, reprit le cours de son existence légale.

Ses obligations, émises en 1889, sur la garantie du Gouvernement vénézuelien, qui ne tient, du reste, jamais compte de sa signature, étaient d'une valeur nominale de 500 francs; elles furent admises au passif de la liquidation judiciaire au taux de 382 fr. 50. Elles furent échangées en vertu du concordat de 1893 contre des obligations nouvelles d'un même montant nominal de 500 francs d'un même revenu de 5 0/0, mais avec cette stipulation encourageante que la Compagnie n'est tenue de leur distribuer annuellement que les sommes disponibles. En fait, les sommes disponibles n'ayant jamais existé depuis, les porteurs d'obligations attendent sous l'orme l'intérêt qui leur avait été promis et le service d'amortissement dont ils s'étaient leurrés. On cote les obligations *Chemins de fer Vénézueliens* 35 fr.

***

Le *Venezuela Central Railway*, pour avoir une existence moins tourmentée, ne paraît pas offrir à ses porteurs une sécurité beaucoup plus grande. Mon Dieu ! l'hyperbole est en quelque sorte l'apanage des races latines — à cela l'on ne peut rien — et c'est un vice léger qui ne coûte rien sans doute à ceux qui s'y adonnent, mais beaucoup plus à l'auditeur bénévole. Certes, l'on fit miroiter aux yeux des souscripteurs du *Venezuela Central Railway* monts et merveilles ; par malheur, les monts n'existaient guère et les merveilles n'existèrent pas du tout. Il s'agissait encore d'une ligne microscopique qui devait relier Caracas à Santa-Lucia en passant par Pitare, et pouvant au besoin aller jusqu'à Cua, ce qui, au total, ne formait que 97 kilomètres, encore n'était-il question que d'en construire immédiatement 60. Pour cette besogne médiocre, il fallut émettre des obligations.

Bien que, évidemment, la Compagnie ait déclaré faire d'excellentes recettes, elle se trouva très vite embarrassée et dut procéder à des remaniements dans sa dette obligataire, remaniements qui eurent pour avantage de faire abandonner à ses créanciers hypothécaires, qui n'étaient plus payés, leurs obligations de £ 20, contre 2 obligations 6 o/o de £ 10 chacune dont une de premier rang et une de second rang. Au dernier bilan publié (31 décembre 1911), ces obligations figuraient pour £ 120.300 celles de la première catégorie et pour £ 107.480 celles de la seconde.

La Compagnie ne fut jamais heureuse. Son dernier bénéfice net fut de 171.050 francs, ce qui est vraiment peu si l'on songe que cette voie déjà ancienne a coûté seulement pour 45 kilomètres £ 300.000 (7.500.000 francs).

C'est vainement que hors Bourse on offre les obligations *Venezuela Central Railway* à 210 fr.

Parmi tant de chemins de fer qui ne marchent pas, force est bien de courir la poste et passons du Vénézuela à l'Equateur.

ÉQUATEUR

CHAPITRE V

CHEMINS DE FER ÉQUATORIENS

Guayaquil à Quito — Chemins de fer de l'Équateur. Central Railway of Ecuador.

Le *Chemin de fer de Guayaquil à Quito* est plus favorisé et ses obligations d'un nominal de 1.000 dollars ou 205 livres 4 sh. 6 d. se négocient encore aux environs de £ 65, après être tombées jusqu'à £ 55. Lors de leur apparition sur le marché de Londres d'où elles émigrèrent en partie dans les portefeuilles français, on lisait dans les journaux d'outre-Manche et dans quelques journaux du continent : « Ces obligations sont gagées par une première hypothèque sur les recettes des douanes de tout l'Equateur et sur tout l'actif de la Compagnie du Chemin de fer. Il n'y a donc point de doute que leurs garanties soient de premier ordre. D'après nos informations, le succès de l'émission est déjà assuré par un Syndicat qui aurait placé plus des cinq dixièmes des titres disponibles. »

Malgré ces informations, puisées sans doute à des sources très sûres, le placement ne s'opéra pas tout seul et l'heure vint même où le Gouvernement équatorien négligea complètement de payer les annuités prévues. Ceci ne fut pas sans émouvoir le Council of Foreign Bondholders. Il réclama. Il faut dire qu'entre temps l'Equateur avait connu quelques-unes de ces dissensions intestines si fréquentes dans ces régions et que les coups de fusils qui se tiraient à Quito empêchaient évidemment les hommes d'Etat aux prises de songer aux vagues obligataires anglais ou français qui attendaient leurs coupons.

Enfin, le calme fut rétabli et en septembre 1912 le général Plaja, qui s'était installé en la présidence de la République, télégraphia au consul général de l'Equateur à Londres et, avec une politesse aussi exquise que celle de feu M. le duc de Coislin, il le priait d'exprimer aux obligataires tous ses regrets à l'occasion de l'attitude de l'ancien Gouvernement, qui avait négligé de procéder aux versements échus. Il annonçait, au surplus, l'envoi de 105.000 sucres (1) et terminait en disant « qu'il désirait que les obligataires soient assurés que dans aucune circonstance, fut-ce même en cas de dissensions intestines, il estimait que le service de la dette ne devait être interrompu. »

Ces aimables paroles ne purent que consoler les obligataires de leurs récents déboires ; mais, comme l'alerte avait été chaude, il y eut peu d'em-

(1) Le sucre équatorien vaut 2 fr. 80.

pressement à se charger de ces titres et les cours restèrent lourds.

***

Les obligations de la *Compagnie Française des Chemins de fer de l'Equateur* connaissent aussi la lourdeur, puisqu'elles se négocient hors Bourse aux environs de 225 francs. La raison en est assez simple. La *Compagnie des Chemins de fer de l'Equateur* possède toutes les caractéristiques des affaires que nous venons d'étudier : apports énormes, capital insuffisant, réseau insignifiant, lourdes charges obligataires, etc., etc.

La *Compagnie Française des Chemins de fer de l'Equateur* devait primitivement s'appeler *Compagnie des Chemins de fer de l'Ouest de l'Equateur.* Elle changea de nom entre le 22 mars et le 10 mai 1909, sans doute parce que le second titre lui paraissait plus beau que le premier. Mais encore qu'en effet le titre *Compagnie française des Chemins de fer de l'Equateur* laissât supposer une entreprise plus vaste, la concession demeurait la même et ne dépassait pas 80 kilomètres. Le capital était modestement de 2.600.000 francs en 10.400 actions de 250 francs, dont 6.400 entièrement libérées furent remises en rémunération d'apports. De sorte que le capital espèces ne se trouvait plus que de 1 million de francs.

C'est avec cette somme que la Compagnie devait construire la ligne allant de Bahia de Caraquez à Quito, dont une section au moins, celle de la Cordillère, allant de San Domingo à la capitale de l'Equateur, présentait des difficultés d'exécution d'autant plus grandes que Quito est à 2.850 mètres d'altitude et San Domingo à 560 seulement.

Aussi les statuts de la Compagnie prévoyaient-ils de suite l'émission de 46.000 obligations de 500 francs 5 o/o. Gager un emprunt obligataire de 23 millions avec un capital de 1 million effectivement versé, il n'y fallait pas songer. La Compagnie se retourna alors vers le Gouvernement de l'Equateur qui lui concéda une garantie consistant en une hypothèque spéciale sur les douanes de la province de Manabé, mais ce, *sous déduction de la portion affectée à d'autres services.*

Sur 46.000 obligations autorisées, la Compagnie se décida, en 1909 et 1911 à en offrir au public français 18.000. L'empressement ne fut sans doute pas très vif, puisque sur la tranche offerte 13.350 seulement furent placées, si l'on s'en rapporte au dernier bilan publié (31 décembre 1911). Le prix d'émission fut 415 francs ; on cota en Bourse en 1909 jusqu'à 431, puis les cours s'effritèrent d'année en année, on cota 410 en 1910, 365 en 1911 et 250 en fin décembre 1912. La situation financière de la Compagnie n'est pas brillante.

BILAN AU 31 DECEMBRE 1911

Passif.

Capital	2.600.000
Obligations	6.675.000
Créditeurs	725.927
Provisions pour coupons	86.775
Coupons d'obligations	8.261
	10.095.963

Actif.

Banquiers	12.265
Cautionnements	151.314
Débiteurs	363.992
Compte de premier établissement	9.568.393
	10.095.963

Il n'y a rien dans ces chiffres de particulièrement satisfaisant. Il ressort, en effet, de ces écritures que le compte de premier établissement dépasse de 293.992 francs le capital (actions et obligations) émis jusqu'à ce jour et, d'autre part, que pour faire face à un passif exigible de 820.963 fr., la Compagnie dispose en tout et pour tout de 376.257 francs dont seulement 12.265 francs de disponibilités immédiates.

C'est là une situation d'autant plus grave que l'on ne sait pas avec quelles ressources a pu se poursuivre l'exploitation en 1912, ce qui aggrave l'inquiétude pour 1913.

Nous lisons dans la *Cote Libre de Bruxelles* (n° du 16 mai 1911) :

« *The Central Ry of Ecuador*, Ltd incorporated under the Companies (Consolidation) Act. 1908, au capital-act. de 100.000 £ (2.500.000) offre en vente publique, à l'épargne française, 10.000 ob. 6 o/o or de £ 20 ou 503 francs au prix de 487 fr. 50 payable : 100 francs à la souscription et 387 fr. 50 à la répartition, du 25 au 29 mai courant ».

Le prospectus de cette émission est signé d'un numéro, modestement.

On y lit que les obligations sont garanties par une hypothèque sur la concession du chemin de fer et par une délégation de l'Etat de l'Equateur sur « le tiers des droits de douane à l'exportation de la province de Manabi sur l'ivoire végétal » (1).

Le prospectus ajoute :

« Son Excellence Jeromino Aviles, ministre de l'Equateur, à Londres, a signé l'original de la présente notice, pour certification de la garantie conférée aux obligations par l'Etat de l'Equateur.

« La vente publique, pour compte du syndicat des obligataires, aura lieu le 22 mai 1911, aux guichets du Chemin de fer Central de l'Equateur, 2, rue des Petits-Pères, à Paris. Les souscriptions sont reçues dès maintenant par correspondance. La cote des obligations sera demandée à la Bourse de Paris.

« Le paiement des coupons, net de tous impôts français et étrangers, aura lieu à Londres et à Paris les 1er mai et 1er novembre de chaque année et pour la première fois le 1er novembre prochain. »

Nous n'avons pas l'honneur de connaître don Jeromino Aviles, mais, assurément, il a... les cheveux très relevés sur le front.

On peut être pauvre et honnête, malheureusement, la République qu'il représente n'est pas seulement sans argent, elle est sans crédit et n'en mérite point, ce qui est le comble de la misère.

(1) Nous croyons que les recettes des douanes, sans restriction, étaient affectées déjà à la garantie du paiement des intérêts arriérés dus aux obligataires du Chemin de fer de Guayaquil à Quito, et que ces recettes n'étaient pas suffisantes pour indemniser les malheureux créanciers de l'Etat de l'Equateur.

Le Council of Foreign Bondholders à Londres, ne laissera pas passer cette tentative d'émission en France sans protester vigoureusement.

S'il plaisait à son Excellence de passer par Bruxelles, nous connaissons quelques vieux rentiers désireux de lui demander des nouvelles au sujet de ces mirifiques obligations du Chemin de fer de Guayaquil qui, en dépit des promesses et engagements formulés par l'agent équatorial, — un gros mulâtre asthmatique dont nous avons oublié le nom, — sont toujours restées munies de leurs coupons nº 1.

Nous ne prétendons pas que le 1er coupon des obligations Central Ry of Ecuador aura nécessairement le même sort, mais il doit nous être permis d'avoir, à cet égard, un peu plus que des appréhensions ».

Ce chemin de fer apocalyptique dont il est ici question avait pour but de relier Manta à Santa-Ana (54 kilomètres) dans la province de Manabi, en même temps que de construire et d'exploiter un môle dans le port de Manta. Ce port de Manta situé à l'ouest de l'Etat de l'Equateur, sur l'Océan Pacifique, devait, selon les promoteurs de l'entreprise, profiter grandement du percement de l'isthme de Panama.

Nous ne voulons pas engager ici une discussion technique pour démontrer que le port de Manta, port insignifiant, n'a rien à attendre de l'ouverture du canal de Panama ; il nous suffit pour l'instant de retenir que le canal de Panama n'est pas ouvert et que, d'autre part, les « coulées » qu'on y constate permettent de redouter qu'il ne le soit pas de sitôt.

Dans la notice que nous avons sous les yeux, les émetteurs, parlant du Conseil d'administration de la Compagnie, font miroiter que ce Conseil « comprend les personnalités suivantes dont la compétence reconnue en matière de chemin de fer est une garantie de bonne gestion ». Or, le premier nom qui se détache dans cette liste symbolique est celui de M. Grattan Doyle, administrateur de la *Mexican Union Railway* ! Nous ne voulons faire à M. Grattan Doyle aucune peine, même légère, mais l'on conviendra qu'être administrateur de *Mexican Union Railway* est rien moins qu'une référence pour la tranquillité des obligataires qu'on sollicite.

Cette même notice annonce encore que « la cote des obligations *Chemin de fer Central de l'Equateur* sera demandée à la Bourse de Paris ».

Demander est une chose, obtenir en est une autre : les obligations *Central de l'Equateur* ne sont pas cotées.

Le pays de Garcia Moreno n'a pas été très favorable aux épargnants français.

PÉROU

CHAPITRE VI

CHEMINS DE FER PÉRUVIENS

North Western Railway of Péru

D'un homme fortuné on disait naguère : « Il a découvert le Pérou. » Il est bien à craindre que les malheureux qui, sur la foi de ce dicton, ont placé des fonds dans les chemins de fer de ce radieux pays à pépites d'or et à gisements de guano ne se soient tôt aperçu que le *Nord-Ouest du Pérou* n'était pas le Pérou.

C'est le 11 avril 1910 que les petits capitalistes français apprirent par le *Journal Officiel* l'existence de la *North Western Railway Company of Péru Ld.* Cette austère publication leur enseigna en même temps que cette Compagnie anglo-péruvienne avait été constituée le 31 octobre 1908 au apital de £ 600.000, soit 15 millions de francs.

La lecture de la notice frappait, du reste, par une lacune notoire. La Société, qui comptait déjà près de dix-neuf mois d'existence, n'avait pu encore en ce laps de temps trouver le moyen de dresser un bilan.

Si la Compagnie n'avait pas encore de bilan, par contre, elle ne possédait déjà plus de capital. En effet, la notice précisait : « Le capital a été émis en rémunération de l'apport de la *Peruvian Railway Construction Company Limited* des concessions et privilèges octroyés le 22 juin 1906 par décret du Gouvernement du Pérou et comme complément du prix forfaitaire payé à cette Société pour la construction et l'équipement du chemin de fer. »

Ainsi de par l'aveu même des émetteurs le capital avait fondu au soleil de Lima, et il avait servi, en dehors des concessions gouvernementales de l'apporteur, à payer le complément du prix forfaitaire entendu avec la *Peruvian Railway Construction*. Mais puisque le capital ne servait que de complément, comment fut acquitté le principal ? Eh ! mon Dieu ! la réponse doit être assez simple, le principal dut être payé par l'émission des obligations.

Ainsi se retrouvent, une fois de plus, les caractéristiques déjà maintes fois signalées au cours de la présente étude. Une Société qui a dilapidé en rémunération d'apports son fonds social ne trouve pas d'autres moyens que le moyen classique pour réaliser son programme. Elle emprunte. Ce faisant elle laisse retomber tout le poids de l'entreprise sur des obligataires qui, ainsi, courent tous les risques — puisqu'ils ne sauraient appeler en répondant un capital évanoui — sans pouvoir espérer participer aux profits, si d'aventure ils s'en produisaient.

Pour allécher les souscripteurs éventuels que ces réflexions eussent pu retenir, le prospectus d'émission faisait ressortir que les 49.830 obligations offertes se trouvaient affectées par des avantages et garanties accordés par le Gouvernement péruvien. Ces avantages et garanties étaient les suivants : 1° Le Gouvernement de Lima s'engageait à verser pendant trente ans une annuité de £ 49.830 correspondant à la somme nécessaire pour le service d'intérêt des titres ; 2° pour un laps de temps égal le Gouvernement péruvien s'obligeait à couvrir le déficit éventuel de l'exploitation. Les droits sur les opiums étaient offerts en garantie et en cas d'insuffisance de ces dits droits un prélèvement devait être fait sur les revenus généraux de la République.

La signature du ministre du Pérou à Paris fut apposée sur l'original des prospectus portant mention des garanties sus-indiquées et sur ces entrefaites l'émission eut lieu le 7 novembre 1910 au taux de 475 francs. Remarquons, en passant, que la garantie trentenaire offerte par le Gouvernement péruvien ne se trouvait, en soi, qu'une médiocre garantie puisque la Compagnie se réservait un délai de soixante-quinze ans pour procéder à l'amortissement de sa dette obligataire...

Quoiqu'il en soit, du reste, les difficultés avec le Gouvernement péruvien allaient bientôt commencer. La concession dont devait bénéficier la *North Western Railway* comportait l'établissement d'une voie ferrée reliant Lima, la capitale, à Huacho, une étendue de 253 kilomètres 391 mètres. Cette concession était formelle. Mais la Compagnie jugea à propos de demander quelques modifications aux clauses du contrat primitif, telle fut l'origine du conflit, que nous allons exposer.

Au mois de janvier 1910, la *North Western Railway of Péru* demanda au Gouvernement de lui accorder que la garantie portât non sur la totalité de la ligne mais sur les sections au fur et à mesure de leur achèvement. Le ministère péruvien ne se montra pas hostile, en principe, à cette altération de la convention primitive, mais il demanda en retour la renonciation par la Compagnie au droit de construire la section de Lima-Ancon, parcours déjà desservi par la *Central Railway Company of Peru* filiale de la toute puissante *Peruvian Corporation.*

Les choses n'allèrent pas toutes seules. La Compagnie perdit un temps précieux à ne pas répondre. Puis jugeant que, somme toute, elle avait plus à perdre qu'à gagner dans le troc proposé, elle se décida en janvier 1911 à retirer purement et simplement sa demande. Le Gouvernement répondit à ce retrait d'assez inélégante façon : il suspendit purement et simplement le service des annuités. Bien mieux encore que la Compagnie ait elle-même retiré sa demande de modification aux termes du contrat, le ministère, qui tenait à avoir le beau rôle, fit rejeter par la Chambre et le Sénat une demande qu'avait annulée la demanderesse elle-même. Devant le

Sénat la victoire du ministère fut encore plus complète, puisqu'il obtint de la haute Assemblée le vote d'une résolution portant entre autres dispositions, que la concession devait être considérée comme nulle et non avenue si la ligne n'était pas construite le 22 décembre 1911 au moins jusqu'à Sayan (200 kilomètres).

La Compagnie qui, du reste, avait dû prendre sur ses disponibilités, déjà si restreintes, le service de l'emprunt au cours de l'année 1911, manquant d'argent, ne put arriver à l'heure dite au point déterminé. En conséquence, par un décret en date du 26 janvier 1912, le Gouvernement prononça la déchéance de la Compagnie. L'exposé des motifs du dit décret invoquait la raison, qui semble péremptoire, du reste, que la ligne n'était pas terminée jusqu'à Sayan dans le délai fixé de trois ans et trois mois.

Deux procédures pouvaient être suivies par le Gouvernement péruvien : ou le maintien de la concession à la Compagnie en supprimant purement et simplement l'annuité — ce qui se justifiait par le fait même que celle-ci n'exécutant pas un contrat synallagmatique, l'Etat, de ce chef, se trouvait délié de ses propres obligations — ou le rachat, procédure plus onéreuse, qui avait pour soi de mieux sauvegarder le crédit public.

C'est à ce dernier parti que le Gouvernement péruvien s'est résolu. Il se propose dès lors de régler à la Compagnie les travaux exécutés et ce, à dire d'experts, tout en frappant la Compagnie déchue d'une pénalité de 10 0/0.

Mais la *North Western of Pérou* ne s'estime pas coupable, et un conflit s'est élevé entre elle et le Gouvernement. Qui vivra verra. Mais il y a gros à parier que les obligataires, dont le titre ne vaut plus aujourd'hui que 260 francs, se retrouveront, une fois de plus, être les dindons de cette farce, de cette lamentable farce.

Peut-être cependant y a-t-il lieu de conserver quelque vague espoir. Bien qu'émises simultanément à Londres, à Hambourg et à Paris, comme par hasard, les obligations du *Nord-Ouest du Pérou* ont été surtout placées en France. Or, le Pérou a besoin de capitaux étrangers pour mettre en valeur ses immenses richesses. Il est impossible que les politiciens de Lima ne se rappellent pas que le grand réservoir des capitaux dans le monde c'est la France. Or, la France a interdit la venue sur nos marchés financiers des fonds péruviens tant que ne serait pas intervenu le règlement de la créance Dreyfus-Gonzalès. C'est chose faite aujourd'hui ; mais, raison de plus pour que le Gouvernement de là-bas ne recommence pas vis-à-vis des obligataires français du *Nord-Ouest du Pérou* l'emploi de procédés que nous ne saurions admettre. A bon entendeur salut !

ARGENTINE

CHAPITRE VII

CHEMINS DE FER ARGENTINS

The Port Argentine Great Central Railway. — Rosario à Puerto Belgrano. — Argentine Union Railway.

Tel Bourgeois Gentilhomme qui, fils de drapier, rêve d'avoir une histoire et des aïeux, les peuples jeunes se modèlent sur les anciens types.

Ayant besoin d'un port, le Gouvernement de Buenos-Ayres n'agit pas autrement que Napoléon qui, dans une circonstance analogue, ayant besoin d'une préfecture, créa par décret Napoléon-Vendée (La Roche-sur-Yon); mais il reste assez loin, semble-t-il, du très honorable José Figueroa Alcorta au premier des Bonaparte et le pouvoir législatif qui rêve de grandeur aux bords médiocres du Rio de la Plata ne se peut comparer au fastueux Sénat issu de la Constitution de l'an VIII.

Quoi qu'il en soit, la loi argentine du 30 septembre 1908 détermina qu'un port : le « Port Argentine », du nom de la République, serait à créer au sud de l'estuaire du Rio de la Plata, presqu'en face de l'opulente Montevideo.

En conséquence de ce fait, *The Port Argentine Great Central Railway*, Société anonyme anglaise, fut enregistrée à Sommerset House, le 23 octobre 1908 et seulement un an après, du reste, à Buenos-Ayres, le 23 décembre 1909.

Cette Compagnie avait pour but — ainsi qu'en font foi ses statuts — « d'acquérir du Gouvernement fédéral de la République Argentine le droit de construire et d'exploiter dans la baie de Samborombon, sur l'Atlantique, dans la province de Buenos-Ayres, un port de commerce avec des dépendances ainsi qu'un réseau de chemin de fer comprenant environ 1.030 kilomètres de voies ferrées reliant le port avec l'intérieur de l'Argentine et se raccordant avec les principales lignes du pays. »

C'était là un noble but et qui se fortifiait d'autant mieux dans sa seconde partie que ce Port-Argentine n'avait, en effet, qu'une existence légale. Du sol désertique d'où il devait jaillir, il importait de le mettre en rapport avec des villes déjà existantes et fort éloignées de l'emplacement choisi. Aussi la Société se proposait-elle, ainsi que le signifiaient ses statuts, de construire une ligne qui, de l'Atlantique devait joindre Guerrero et de là, par trois embranchements, mettre la baie de Samborombon en communication avec l'intérieur des terres.

Triple était donc le but poursuivi : constituer

un port, créer un réseau ferré, instituer une ville. Plan gigantesque et auquel pour partie renonça de suite la Société qui nous occupe. Une autre Société fut créée, *The Port Argentine Land and Development Cy Ltd*, qui se donna pour soin d'acquérir des terrains et d'édifier une cité nouvelle. Il est vrai que de cette dernière, *Port Argentine Great Central Railway*, possédait 140.000 actions de £ 1, à titre d'apports.

The Port Argentine Great Central Railway avait, quant à elle, un capital fixé à £ 4.000.000, soit 100.000.000 de francs, divisé en 2 millions d'actions ordinaires et 2 millions d'actions de préférence 5 o/o cumulatives toutes de £ 1.

Le 20 septembre 1911, la Compagnie ouvrait à Paris et à Londres une souscription publique pour le placement d'une tranche de 165.000 obligations 1re hypothèque de £ 20, ce qui représentait £ 3.300.000 ou 82.500.000 francs sur un montant autorisé de £ 8 millions, soit 200.000.000 de francs.

Le capital social de la Société s'élevait donc en principe à 300.000.000 de francs, ce qui permettait — on l'avouera — la construction d'un port et l'équipement d'une voie ferrée.

Mais deux faits sont de suite à retenir. Quand l'emprunt obligataire fut lancé, la Société n'avait émis que £ 60.000 (1.500.000 francs) de son capital-actions, ce qui reste assez loin des 100.000.000 en perspective. Deuxièmement, les travaux n'étaient même pas commencés.

Le bilan, qui fut publié au *Journal Officiel*, bilan au 30 novembre 1910, s'établissait ainsi :

Actif.

Prix d'achat des droits de concession............£	2.016.000
Commissions, etc., payées lors de l'émission des actions de préférence........................	1.618
Frais légaux et d'enregistrement................	19.255
Honoraires et appointements des administrateurs..................................	8.417
Dépôt versé au Gouvernement..................	4.377
Frais généraux................................	2.773
Frais de voyage...............................	907
Dépenses de construction......................	378
£	2.053.725

Passif.

Capital émis :	
Actions ordinaires..........................	40.000
Actions de préférence........................	20.000
South American Development and Construction Syndicate	1.976.000
Réserve de capital : intérêt sur droits relatifs au charbon, etc., vendu..........................	500
Créanciers divers	16.874
Découvert en banque..........................	341
£	2.053.715

Ce bilan ne dénotait guère une bonne administration. Sans aucun actif liquide ni réalisable, la Compagnie était déjà fortement endettée. Mais ce que ce bilan dévoilait encore, c'était la placide inactivité de la Compagnie. Les dépenses de construction s'établissaient à £ 378. En revanche, il est vrai, les frais généraux, les honoraires et appointements des administrateurs, les frais de voyages avaient déjà atteint en contrepartie de ce travail effectif £ 12.097. En d'autres chiffres, les frais de construction figuraient pour 9.550 fr.

et les frais généraux, etc., pour 302.425 francs. Cette comparaison n'était pas sans donner quelque inquiétude sur le prix de revient des grands travaux futurs.

Poussons plus avant l'examen du bilan publié. Il est très instructif. Le prix d'achat des droits de concession figure à l'actif pour £ 2 millions 016.000, mais en représentation de ce compte, nous trouvons au passif une somme de £ 1 million 976.000 sous la rubrique *South American Development and Construction Syndicate* balance sans doute du prix d'achat non versé, ce qui veut dire, en bon français que la Société qui avait acheté ses droits de concession £ 2.016.000 n'avait, en fait, versé que £ 40.000 et qu'il lui restait à verser encore £ 1.976.000, soit 49 millions, de francs. Pourquoi cette dette puisque la Société avait encore à émettre pour £ 3.910.000 d'actions restant à la souche. Ne serait-ce pas parce que la Compagnie trouvait de la difficulté à placer ses propres actions à Londres et qu'elle préférait attendre les espèces sonnantes et trébuchantes que les souscripteurs français allaient faire tomber dans ses caisses ?

En tout cas, il résultait des données officielles publiées par la Compagnie elle-même que : 1° aucun travail sérieux n'avait été tenté avant l'émission obligataire ; 2° que le prix d'achat des concessions n'avait même pas été versé, avant cette même émission. Devant ces aveux, dépouillés d'artifice, il n'était pas douteux que les obligataires devaient porter tout le poids de l'entreprise sans en recueillir les bénéfices en cas de réussite.

Il était écrit, du reste, que cette entreprise ne devait pas réussir. Elle était, en effet, une erreur géographique. Si l'on jette les yeux sur la carte de l'Argentine, on voit d'avance que Port-Argentine était voué à la concurrence de trois grands ports extrêmement fréquentés : Montevideo, La Plata et Buenos-Ayres. Encore ne faut-il pas omettre Rosario qui, bien que retiré au fond de l'estuaire du Parana n'en paraissait que plus redoutable pour Port-Argentine, puisqu'enfoncé davantage dans le cœur du pays, il évitait de la sorte les longs et coûteux transits par voie ferrée.

Au surplus, la concurrence devait être vive surtout avec les ports nationaux. Laissons donc de côté Montevideo. Restaient Buenos-Ayres et La Plata qui devaient fatalement garder leur prépondérance.

Sans parler de ce fait que Buenos-Ayres, l'une des plus belles villes du monde, est la capitale fédérale de la République Argentine, il reste acquis que Buenos-Ayres est, au point de vue des chemins de fer, admirablement desservie. Dix grandes lignes y aboutissent. Le *Central Argentine Railway*, le *Buenos-Ayres and Pacific Ry*, le *Buenos-Ayres Middland Ry* le *Buenos-Ayres Great Southern Ry*, etc. etc., mettent Buenos-Ayres non seulement en rapport avec le centre du pays, mais encore avec des ports comme Bahia-Blanca et Valparaiso.

Port-Argentine ne pouvait pas, n'aurait jamais pu rivaliser avec Buenos-Ayres.

Les travaux n'avançaient guère avec rapidité. D'après les notes communiquées, la Compagnie affirmait que, dès le 1er novembre 1912, le piquetage du port et de son chenal serait accompli. Le matériel arrivant peu à peu enfin, pour la voie ferrée, la reconnaissance du premier tronçon de Rio Salado à Port-Argentine serait terminée ; ce tronçon a 12 kilomètres. Voilà donc une Compagnie qui a été fondée en 1908 et dont toute l'œuvre s'est bornée, jusqu'à ce 1er novembre 1912, à piqueter son port et à reconnaître 12 kilomètres pour y construire une voie ferrée. Il était évident que de ce train-là la Compagnie de Port-Argentine ne devait jamais aboutir. Et elle n'a pas abouti.

Le Gouvernement fédéral, voyant que la Compagnie procédait avec une si sage lenteur que les arrière petits neveux des hommes d'Etats de Buenos-Ayres seraient vieillards chenus avant que circulât sur le rail la première locomotive, le Gouvernement fédéral retira la concession.

Remboursables à 505 francs et émises à 462 francs 50, fin septembre 1911, introduites au marché en banque à fin 1911, dès le 6 mars 1912 ce titre cessait de coter. On le négocie hors Bourse aux environs de 25 francs et il semble bien que l'entreprise est plus que compromise aujourd'hui. En effet, les obligations étaient gagées en première hypothèque sur le port et la voie ferrée, mais non seulement il n'y a pas de port et pas de voie ferrée, mais encore il n'y a plus la faculté d'en construire.

Les obligataires ne peuvent même pas se leurrer du fol espoir que la Compagnie, pratiquant l'holocauste du pélican, va appeler son capital pour rembourser sa dette obligataire ; ce capital n'est même pas souscrit.

> Quand on a tout perdu et qu'on a plus d'espoir,
> La vie est un opprobre et la mort un devoir.

On peut être assuré que *The Port Argentine and Great Railway Company Limited* ne faillira pas à ce devoir.

***

La fureur de créer un port se retrouve à la base d'une autre Société qui a plus d'un point commun avec *Port Argentine*, nous voulons parler de la *Compagnie de Rosario à Puerto-Belgrano*.

Rien n'est plus significatif qu'un petit tableau indiquant les différents cours enregistrés par une valeur depuis son origine. Ces quelques lignes de chiffres valent souvent mieux qu'un long chapitre. Pour *Rosario à Puerto-Belgrano*, on verra dans ces courbes tous les espoirs conçus et tous les espoirs déçus et elles nous semblent, ces fluctuations, être la meilleure épigraphe pour la présente notice.

Années	Actions	
	Plus haut	Plus bas
1907	294	275
1908	307	293

Années	Actions	
	Plus haut	Plus bas
—	—	—
1909	382	307
1910	371.50	253
1911	280	139
1912	159	56

Quelle chute ! Quel effondrement c'eût été si le marché n'en avait été soutenu avec l'énergie du désespoir ! On cote aujourd'hui 60 francs ; quelle humiliation pour l'orgueilleuse Société dont les actions se trouvent ainsi à niveau de vagues *Colombian Central Railway.*

Certes, les obligations font encore figure, mais il y a loin cependant déjà du cours de 495 pratiqué en 1909 et 1910 à celui de 430 coté aujourd'hui. Et au surplus il convient de noter qu'à chaque détachement du coupon ce titre, ne peut jamais se relever. Ce qui est dangereux pour l'avenir, car cela laisse présumer que la Bourse estime comme un remboursement du capital l'intérêt de ce titre extraordinaire.

La *Compagnie du Chemin de fer de Rosario à Puerto-Belgrano* a été constituée à Paris en 1906. Elle avait pour but de construire et d'exploiter une ligne de chemin de fer de 800 kilomètres environ, qui devait joindre Rosario, port récemment construit, à Puerto-Belgrano, port à construire, et ce à travers la province de Buenos-Ayres. On faisait miroiter que le port de Buenos-Ayres se trouve fréquemment encombré et que la ligne à construire, ligne transversale, évitant Buenos-

Ayres, détournerait à son profit une grande partie du trafic du premier des ports argentins.

Ce petit raisonnement spécieux revêtait d'intérêts généraux une affaire combinée pour les seuls intérêts particuliers de la firme à qui était déjà due le port de Rosario. Et cela transparaissait de suite dans le choix de Puerto-Belgrano comme point terminus.

L'Argentine a très peu de ports naturels : Buenos-Ayres, La Plata et Bahia-Blanca, c'est tout. Sur la côte on ne retrouve plus d'endroit pouvant servir de port de commerce, à moins que d'en créer un de toute pièce, ce qui fut l'ambition de la *Compagnie de Port-Argentine*, ce qui fut celle de la Compagnie qui nous occupe.

Malheureusement Puerto-Belgrano est fort mal situé en ce sens que le voisinage presque immédiat de Bahia-Blanca, où déjà aboutissent nombre de lignes venant de Buenos-Ayres, devait rendre chimérique tout espoir d'attirer le trafic dans un port dénué jusqu'à ce jour des plus élémentaires installations.

Mais cette objection importait peu aux fondateurs dont le premier objectif était de gagner de l'argent en construisant un port moderne où que ce fut, pourvu qu'ils le construisissent.

Et l'on fit un premier appel au crédit en constituant cette affaire sans avenir au capital de 15 millions, 15 millions c'était peu ; aussi quatre ans plus tard (1910) le capital fut-il porté à 25 millions. Et comme c'était insuffisant on le doubla en 1912. *Rosario à Puerto-Belgrano* est au capital de 50 millions.

Et l'on émit des obligations. On en émit beaucoup. 275.000 de 500 fr., soit pour 127.500.000 francs. De sorte que le double capital investi dans cette entreprise atteint 187.500.000 francs.

Il était facile de comprendre, simplement en jetant les yeux sur la carte de l'Argentine, que toutes les lignes de chemins de fer convergeant vers Rosario, Buenos-Ayres et Bahia-Blanca, le *Chemin de fer de Rosario à Puerto-Belgrano* ligne transversale, ne pouvait servir que d'agent de liaison entre elles, danger d'autant plus grand que cet office le rendait tributaire de toutes les autres Compagnies qui pouvaient le réduire à merci par la seule guerre des tarifs.

Malgré cela la ligne fut assez rapidement construite et l'exploitation partielle commença au cours de 1910. Bien entendu l'exercice 1909-1910, vu ce dernier fait, ne comporta pas de comptes de profits et pertes. L'exercice suivant clos au 30 juin 1911 se solda par un déficit d'exploitation de 515.192 francs. Avec beaucoup d'éloquence le Conseil fit ressortir dans son rapport que cet événement fâcheux était dû à une sécheresse prolongée qui avait anéanti la récolte du maïs. Cela devenait une rengaine puisque cela avait déjà été dit pour l'exercice précédent.

Quant à l'exercice 1911-1912, il a été encore plus néfaste : il se solde par un déficit de 2 millions 270.800 francs.

Le rapport présenté à l'assemblée du 15 mars 1913 porte cette phrase délicieuse : « Comme nous vous l'avons signalé, la situation, loin de s'améliorer au cours des six premiers mois de l'exercice dont nous avons à vous rendre compte, s'est, au contraire, aggravée du fait de diverses circonstances telles que mauvaises récoltes, grève des mécaniciens et chauffeurs, etc., sur lesquelles nous croyons inutile d'insister de nouveau. »

C'est discret. Mais c'est insuffisant. Parce qu'il faudrait bien savoir, une fois pour toutes, si les mauvaises récoltes sont une clause de style dans les rapports du *Rosario à Puerto-Belgrano*, où si vraiment cette Compagnie, depuis son établissement, a porté la guigne à toute une province de l'Argentine ; parce qu'il faudrait savoir aussi si les démêlés de la Compagnie avec son personnel sont un mal chronique et inguérissable, ou au contraire si c'est là un état transitoire et un malaise de croissance. On aimerait enfin être renseigné sur ce que signifie cet *etc.* sommaire, et quelles infortunes nouvelles, en dehors du pays traversé et d'un personnel ligué avec un ciel inclément, a réservé sous cette voyelle et ces deux consonnes la mauvaise étoile de la Compagnie.

Mystère !

Par contre, le rapport se répand en détails nombreux sur les travaux qu'il poursuit. On comprend que ce sujet intéresse davantage ces messieurs. Quand le bâtiment va, tout va... mais pas pour les actionnaires.

Ces malheureux actionnaires se sont vus dès lors renvoyés Gros-Jean comme devant et sans qu'il soit fait allusion au moindre dividende.

Ceci nous remet précisément en mémoire certaine circulaire lancée par une maison de banque de notre place très connue, et dont la devise pourrait être : *Semper Victor*. Or, la circulaire de cette maison dans le style reconnaissable du dieu du logis, concluait, après avoir montré le fastueux avenir réservé aux actions *Rosario à Puerto-Belgrano* . « Je préfère m'en tenir aux prévisions les plus modestes, les plus terre-à-terre, en disant que, dès le début de sa double exploitation, la *Compagnie du Chemin de fer de Rosario à Puerto-Belgrano* réalisera un chiffre de bénéfice net supérieur à 25 o/o de son capital social ».

Décidément le métier de prophète même terre à terre est dangereux.

Le bilan arrêté au 30 juin laisse la plus déplorable impression. On aura tout dit, du reste, quand on aura relevé ses deux chiffres : actif disponible 3.379.604 francs ; passif exigible 16.642.756 fr. Même en tenant compte d'un actif réalisable de 6.655.587 francs et à supposer que cet actif vaille ce prix, la trésorerie se balance par un excédent d'exigibilités de 6.597.565 francs.

Mais que vaut cet actif réalisable. Il comporte les cautionnements de la Compagnie qui ont singulièrement diminués d'une année à l'autre, il comporte surtout des participations, des avances diverses, des débiteurs divers, etc., toutes créances bien aléatoires.

En résumé, l'action ne vaut pas grand'chose; quant à l'obligation, qui ne jouit, ne l'oublions pas, d'aucune garantie du Gouvernement argentin, mais seulement d'une hypothèque sur les biens de la Compagnie, elle nous apparaît mal gagée et sujette à subir le contre-coup de la *réorganisation financière qui s'impose.*

The Argentine Union Railway Company Limited a été constituée à Londres le 25 février 1910, pour acheter une concession accordée par le pouvoir exécutif de la province de Buenos-Ayres le 24 février 1908 à la *Sociedad Anonima del Puerto San Nicolas.* Cette concession comportait le droit de construire et d'exploiter un réseau ferré devant relier le Port de San Nicolas de los Arroyos à Pergamino et une concession identique de Pergamino à General Arenales.

Il est peut-être utile de fournir quelques renseignements géographiques sur les lieux susdits.

San Nicolas de los Arroyos (province de Buenos-Ayres) est situé de façon pittoresque entre deux petits « rios », celui de Ramallo et celui del Medio, qui, tous deux, se jettent dans le Parana. Située sur la ligne de chemin de fer de Buenos-Ayres à Rosario, San Nicolas est à 237 kilomètres de la capitale et à 65 kilomètres seulement de Rosario. Quant à Pergamino, c'est une petite ville de la même province située à moins de 100 kilomètres de San Nicolas et qui est déjà desservie par le chemin de fer *Central Argentino*. Pour General Arenales, c'est un bourg insignifiant, dont il n'y avait pas lieu d'attendre grand commerce et qui est distant de San Nicolas de 170 kilomètres.

Le capital de *The Argentine Union Railway* fut fixé lors de la constitution à £ 200.000, soit 5.000.000 de francs. Le capital de £ 200.000 était divisé en 200.000 actions de £ 1 sur lesquelles 170.000 furent remises en action d'apport. Il restait donc à souscrire 30.000 actions qui devaient mettre à la disposition de la Compagnie en tout et pour tout 750.000 francs. Les 30.000 actions restantes, du reste, paraissent n'avoir pas pu être placées avec rapidité. Au bilan du 30 juin 1911, un an et demi, par conséquent, après la fondation de la Société, on en avait péniblement casé 5.007, représentant la somme dérisoire de 125.175 francs. Au bilan du 30 juin 1912, il restait encore à la souche 2.493 actions qui s'obstinaient à ne pas trouver preneur.

Ceci n'empêchait, du reste, nullement, dans le premier semestre 1911, la Compagnie de lancer sur notre place à grand renfort de réclame 20.000 obligations 5 o/o or de £ 20 ou 503 francs, ce qui représentait un appel au crédit de plus de 10.000.000 de francs, tandis que le capital souscrit de la Compagnie ne dépassait pas alors 125.175 francs.

On exposait dans le prospectus d'émission que la nouvelle ligne avait pour but de dégager — encore ! — les ports de Buenos-Ayres et de Rosario. Cela devient une maladie. *The Port Argentine* voulait dégager Buenos-Ayres, *Rosario à Puerto-Belgrano* veut dégager Buenos-Ayres et favoriser Rosario, l'*Argentine Union Railway* veut dégager Rosario et Buenos-Ayres. Il convient d'ajouter que, jusqu'à ce jour, Buenos-Ayres n'a pas eu à souffrir dans son développement de cette triple et impuissante conspiration.

Mais, se rendant peut-être compte qu'investir 15.000.000 de capital nominal dans une ligne aussi petite pouvait paraître exagéré, les dirigeants de l'affaire exposaient qu'ils avaient un but plus vaste et qu'ils songeaient, une fois la ligne établie, à créer deux embranchements, l'un de 90 kilomètres reliant Pergamino à Chacabuco et un autre de 270 kilomètres joignant General Arenales à Meridiano Quinto.

Ils ajoutaient qu'une demande de nationalisation de ces prolongements devait être déposée incessamment devant le Congrès national de la République. C'est une justice à rendre au Congrès National de la République : il ne se presse pas. Peut-être craint-il que le sang bouillant légué par les Espagnols ne l'entraîne à des à-coups, toujours est-il qu'alors que *The Argentine Union Railway* sollicitait de l'épargne française les 10.000.000 de francs dont elle avait besoin, le Congrès national de la République Argentine n'avait pas encore voté sur la demande de nationalisation de la ligne principale concédée pourtant depuis le 24 février 1908 par le pouvoir exécutif de la Province de Buenos-Ayres. Il n'y a que la Cour papale pour avoir d'aussi augustes lenteurs.

La Compagnie du reste ne semble pas avoir fait grand pas depuis sa constitution.

Les derniers comptes que nous publions ci-contre apparaissent, du reste, assez embrouillés :

Relevé du capital et obligations hypothécaires au 30 juin 1912.

	Capital autorisé	Capital émis 30 jn 11	Capital émis en 1912	Total émis	Montant reçu jusqu'au 30 jn 1911	Montant reçu pend. l'exercic. 12	Total reçu	Mont. à rec.	Capital restant à la souche
Actions ordinaires de £ 1...	200.000	175.007	22.500	197.507	170.569 10	22.412 10	192.982	4.525	2.493
Obligations hypothécaires de 1er rang de £ 20 5 0/0...	1.100.000	86.140	218.020	304.160	86.140 »	218.020 »	304.160	»	795.840
£	1.300.000	261.147	240.520	501.667	256.709 10	240.432 10	497.142	4.525	798.333

Recettes et débours sur compte capital au 30 juin 1912.

	Au 30 juin 11	Pend. l'exercice	Total
Escompte sur obligations hypothécaires	6.473 12 0	37.627 4 »	44.100 16 0
Achat de concessions:	230.000 0 0	»	230.000 0 0
Emplacement de la station terminale	»	80.640 0 »	80.640 0 0
Débours à Londres	14.489 2 10	28.854 7 4	43.343 10 2
Débours en la République Argentine	2.662 7 4	4.804.14 6	7.467 1 10
	253.625 2 2	151.926 5 10	405.551 8 0
Solde			£ 91.590 12 0
			£ 497.142 0 0

Bilan général au 30 *juin* 1912.

Solde au crédit du compte capital suivant relevé ci-joint	91.590	12	0
Créanciers divers et comptes en suspens	3.437	9	7
£	95.028	1	7
Espèces en caisse et en banque	90.931	0	6
Débiteurs divers et comptes en suspens	4.097	1	1
£	95.028	1	7

De tout cela, il résulte, ce dont nous nous doutions un peu, que les débours à Londres ont été bien plus considérables que les débours dans la République Argentine. Les débours de Londres impliquent, en effet, les frais de constitution de la Société, les frais d'émission des obligations, les frais afférents à l'entretien somptuaire du Conseil d'administration, tandis qu'après tout les frais dans l'Argentine ne peuvent que représenter les frais concernant l'établissement de la ligne. Il va de soi que ces derniers sont tout ce que l'on peut imaginer de moins intéressants.

On nous dit qu'ayant obtenu la nationalisation de la ligne première à la date du 30 septembre 1911 par le Gouvernement fédéral de la République Argentine, la Société poursuit avec une activité débordante l'expropriation des terrains nécessaires et passe des commandes pour rails, traverses, poteaux de clôture et autres matériaux requis pour la construction de la ligne. Cela nous réjouit fort et c'est évidemment ce qui peut arriver de mieux en l'an de grâce 1913 à une Société fondée en 1910 pour exploiter une concession donnée en 1908.

N'empêche qu'à l'exemple de *Port-Argentine*, l'*Argentine Union Railway* n'est pas une de ces Compagnies pressées qui, en rien de temps, savent établir une ligne. Il lui a fallu cinq ans pour ne rien faire ; s'il lui en faut proportionnellement autant pour établir 170 kilomètres, les poules auront des dents quand sera planté l'arbre qui servira à tailler la première traverse.

Les obligations de *The Argentine Union Railway* émises à 452 fr. 50 se négocient hors Bourse, aujourd'hui, aux environs de 150 francs. Ce n'est, après tout, qu'une perte des 2/3 du capital souscrit.

BRÉSIL

CHAPITRE VIII

BRÉSIL

Brazil Railway. — Nord du Brésil. — Nord-Ouest du Brésil. — Compagnie Brésilienne de Chemins de fer. — Melhoramentos no Rio do Janeiro. — Melhoramentos em Pernambuco. — Sud du Brésil. — Nord du Parana. — Sud-Ouest de l'Etat de Bahia. — Sud-Ouest du Brésil. — Chemin de fer de Dourado. — Sao Paulo and Minas. — Nord de Sao Paulo, etc.

Aucun pays, au monde, n'a poussé plus loin que le Brésil le génie de l'emprunt. On a dit que la vertu classique de la France était l'épargne, la vertu spécifique du Brésil c'est l'emprunt. Et, si cette vertu est spécifique, c'est bien parce qu'elle n'est pas le propre de quelques-uns, mais parce qu'elle se reflète en tous et chacun de cette race quêteuse, qui semble être toute entière issue d'une communauté de moines mendiants. Aussi n'est-ce point seulement l'Union qui emprunte, ce ne sont pas seulement les Etats, ce ne sont point seulement les Villes et non pas seulement l'Union, les Etats, les Villes, mais encore les Chemins de fer, et les plus hétéroclytes et les moins sérieux, et — chose triste à dire — les moins existants.

Aussi ne sera-t-on pas étonné de trouver ici une nomenclature particulièrement drue.

De toutes les entreprises brésiliennes, connues en Europe, celle qui les domine toutes et toutes les écrase est la *Brazil Railway Co*.

La *Brazil Railway Co* est une société américaine du Nord, dont le siège social est à Portland (Etat du Maine, U.S.), mais elle n'en reste pas moins chargée, en plus de tous les défauts yankees qu'elle doit à son origine, de tous les défauts brésiliens. Ce qui prouve surabondamment, ce que chacun sait déjà, à savoir que rien ne s'acclimate mieux en nous que les vices d'autrui.

Le *Brazil Railway* commença de donner des inquiétudes à ses porteurs dès la fin de l'année 1912. Mais des notes tendancieuses parvinrent à leurrer le public, et l'on exposa aux bonnes gens qui s'inquiétaient que la baisse des diverses catégories de titres *Brazil Railway* était due à des liquidations de grosses positions tant à Londres qu'à Paris.

Ce premier prétexte fourni fut reconnu de l'aveu de tous insuffisant, et c'est alors que M. Knox Little se fit interviewer par le *Times*, le grand journal de la Cité.

Le *Times* entendit affirmer par l'honorable Knox Little que le recul des recettes, recul des recettes qui n'était pas niable, puisque pour le seul mois de février il atteignait 445.586 francs, n'était que momentané et que, sous peu, de sensibles plus-values seraient enregistrées chaque mois. Cet heureux optimisme faisait un peu contraste avec le ton de la presse brésilienne. La grande revue *Brazil Ferrocarril* s'émut en décembre 1912. *A Noticia, O Imparcial, O Jornal do Commercio* et *A Gazeta de Noticias* publièrent à des dates diverses des séries d'articles qui donnent matière à réfléchir. Pour *A Nocitia* « la situation des entreprises Farquhar (*Brazil Railway*), maintenues jusqu'ici par l'abus du crédit, est devenue insoutenable » (n° du 18 mars); *O Imparcial* (n° du 19 mars), sous le titre : « La chute de M. Farquhar » écrit : « La roue de la fortune, qui fut toujours favorable à M. Farquhar commence à tourner à rebours et l'adversité que l'audacieux capitaliste ne connaissait pas encore lui est venue d'une entreprise brésilienne : le *Brazil Railway.* » *O Jornal do Commercio*, toujours si pondéré, qualifie à son tour la conduite des diverses entreprises du financier américain, grand maître du *Brazil Railway*, de « la plus grande des vergognes ». Enfin, dans un article très étudié, la *Gazeta de Noticias* dévoilait le véritable vice de toutes les entreprises dues au génie de M. Farquhar et plus particulièrement du *Brazil Railway*. Ce vice n'est autre que la surcapitalisation. Atteinte de mégalomanie une Compagnie embrasse sans cesse des entreprises nouvelles, bonnes ou mauvaises, espérant que les bonnes compenseront les mauvaises, une nouvelle émission bouche les trous de l'émission précédente et cela dure ce que cela peut; mais, de tant d'augmentations de capital, de tant d'emprunts obligataires, un jour on voit la fin et cela s'appelle le scandale... Quoiqu'il en soit, ce n'étaient point les seuls journaux qui s'inquiétaient du *Brazil Railway*, le Congrès national de Rio-de-Janeiro et plus spécialement la Chambre des députés avaient retenti de protestations et de critiques qui ne faisaient du reste que corroborer l'impression pessimiste des journalistes et des financiers, un tant soit peu au courant des choses de là-bas.

En marge des critiques adressées par nos confrères brésiliens au *Brazil Railway* et au groupe Farquhar, la campagne se poursuivait plus loin encore. *O Jornal do Commercio* publiait 44 articles édités en deux volumes sous le titre : « Un cas qui n'était pas et qui n'est pas sérieux ». Nous en servant, nous eussions pu étaler sous les yeux de nos lecteurs un scandale politique assez piquant, qui leur aurait prouvé que les grands financiers des deux mondes, usent, pour parvenir à leurs fins, de ce même moyen de compromission des politiciens, qui est connu de tous les temps et de tous les régimes, et dont ne sont point indemnes les hommes qui gouvernent l'Etat de Sao-Paulo. Mais nous estimons que c'est moins dans les scandales politiques que dans la gestion même que se trouve le vice du *Brazil Railway*. Et toutes les déclarations optimistes de M. Knox

Little n'y feront rien. Le *Brazil Railway* est une affaire dangereuse. Un moment elle a pu faire illusion. Un moment on a pu voir en elle une réplique brésilienne du *Canadian Pacific Railway* ; aujourd'hui il faut déchanter : elle a été créée à l'image et à la ressemblance du *Quebec Railway* et cela mérite examen. Après tout il importe assez peu que le Docteur Jorge Tibérica, Président de l'Etat de Sao-Paulo, assisté du Docteur Alfredo Maïai, son ministre des chemins de fer, ait bien ou mal administré cet Etat, ce qui nous importe : c'est de savoir où en est le *Brazil Railway* ?

Le *Brazil Railway*, on le sait, possède des contrats d'affermages avec le *Sorocabana Railway* et le *Sao-Paulo-Rio Grande Railway* dont il détient la presque totalité du capital, avec la *Compagnie auxiliaire des Chemins de fer au Brésil* et avec les *Chemins de fer du Parana*. Le *Brazil Railway* possède encore des participations dans les deux compagnies *Paulista* et *Mogyana* (160.000.000 de francs) ; enfin il possède 48 3/4 du capital-actions de la *Madeira-Mamore*. Toutes ces lignes représentent, construites, en construction, ou à construire, 10.964 kilomètres.

Le capital du *Brazil Railway* se décompose comme suit :

Actions.

320.000 actions ordinaires de 100 dollars...... $	32.000.000
200.000 actions privilégiées dont partie à dividende fixe cumulatif, partie à dividende préférentiel non cumulatif..................	20.000.000
	52.000.000

Obligations.

5 0/0, émises à Londres	1.510.500
4 1/2 (First Mortgage)	50.095 375
4 1/2, émises en France	17.300.000
5 Debenture convertible	10.000.000
	$78.905.875

Résumé.

Capital-actions	$ 52.000.000
Capital-obligations	78.905.875
	$130.905.875

Soit un total de 130.905.875 dollars ou 254 millions 529.375 francs.

Somme énorme, on en conviendra, mais qui ne représente pas intégralement les engagements du *Brazil Railway*, Car, en effet, si l'on se rend compte que le *Brazil Railway* possède la presque totalité du capital de la *Sorocabana* et du *Sao Paulo Rio Grande* c'est encore d'une manière assez directe que pèsent sur elle les charges financières de ces deux Sociétés. Voici, de l'aveu même de M. Knox Little (lettre à MM. Speyer Brothers, 15 novembre 1911), la situation exacte du *Brazil Railway* vis-à-vis de la *Sorocabana* : « Le capital-actions de la *Sorocabana* est de 20.000 actions de préférence de $100 chacune, et de 80.000 actions ordinaires de $ 100 chacune. Sur ce montant de 100.000 actions le *Brazil Railway* les détient toutes à l'exception de 240, autant dire dès lors que la *Sorocabana* appartient au *Brazil Railway*. Or, la *Sorocabana* au 15 novembre 1911 avait une dette obligataire de £ 4.000.000, soit $ 20.000.000, soit 100.000.000 de francs ». Et, dans la lettre que nous visons de M. Knox Little, agissant pour Percival Farquhar, le *Brazil Railway* se portait garant pour cette dette et y mettait même, si l'on peut dire, en gage, partie de son portefeuille !

Le *Sao Paulo Rio Grande* appartient également, pour la presque totalité de son capital, au *Brazil Railway*. Or, le *Sao Paulo Railway* a aussi des dettes. Cette société possède en circulation 505.098 obligations formant un total de 252.549.000 francs. Sans doute celles-ci jouissent d'une garantie trentenaire du Gouvernement brésilien ; mais, cette garantie commence à prendre fin pour la première série en 1925, c'est-à-dire dans treize ans et pour la cinquième en 1935.

La *Madeira Mamoré*, dont la moitié du capital est aux mains du *Brazil Railway*, emprunte elle aussi. Or, les obligations de la *Madeira Mamoré* sont garanties inconditionnellement, intérêts et capital, par le *Brazil Railway*. Tout dernièrement, le 10 mars 1913, il était offert à Londres pour £ 1 million 600.000 de ces obligations. Cela fait une nouvelle charge de 40.000.000 francs pour le *Brazil Railway*.

Cela n'est pas tout. Par la convention du 9 mars 1911 passée avec la *Compagnie auxiliaire des Chemins de fer au Brésil*, le *Brazil Railway* assure le service des charges de l'*Auxiliaire*. Or, la charge obligataire de l'*Auxiliaire* figure au dernier bilan que nous avons sous les yeux, 31 décembre 1911, pour 69.555.500 francs.

Et ce n'est pas encore tout. Résumons cependant ces chiffres :

Brazil Railway : actions et obligations.... Fr.	654.529.375
Sorocabana Railway : obligations..........	100.000.000
Sao Paulo Rio Grande : obligations..........	252.549.000
Madeira Mamoré, obligations...............	115.000.000
Auxiliaire de Chemins de fer, obligations.....	69.555.500
Total .... Fr.	1.391.583.375

Et nous n'avons parlé ni du *Parana*, ni des autres Sociétés où le *Brazil Railway* est encore engagé. C'est bien près de 2 milliards de francs qui ont été investis dans cette entreprise.

Nous avons exposé quelles étaient les charges financières du *Brazil Railway* et comment, par une « amalgamation » inquiétante, ses responsabilités morales et pécuniaires se trouvaient engagées dans une multitude de réseaux et de sous-réseaux dont la valeur est loin d'être égale.

Nous disons loin d'être égale, car d'abord, les régions traversées sont inégalement industrielles et commerçantes ; parce qu'ensuite, si les uns jouissent d'une garantie kilométrique du Gouvernement brésilien, beaucoup d'autres en sont dénués. C'est ainsi que la Compagnie *Paulista* a toutes ses lignes concédées sans aucune garantie de l'Union ; la *Mogyana* se trouve dans la même condition pour près de la moitié de ses lignes (592.281 kilomètres garantis ; 534.482 kilomètres non garantis) ; la *Sorocabana* elle-même n'a que 543.253 kilomètres garantis sur un ensemble de 726.253 kilomètres. Malgré cela, du reste le *Brazil Railway* n'a pas jugé à propos de borner son activité encombrante et tapageuse aux frontières brésiliennes. Elle a poussé plus loin ses immixtions grosses de péril. Elle a pris une communauté d'intérêt dans l'*Antofagosta (Chili) and Bolivia Railways* en acquérant un gros stock d'actions de cette Compagnie. Mais à des brasseurs d'affaires de l'envergure de Percival Farquhar et de son groupe, une entreprise de chemins de fer, si formidable soit-elle, ne saurait suffire. Il leur apparaît que, si compliquée que soit l'administration d'une compagnie comme le *Brazil Railway*, qui a ceci de particulier que pas un kilomètre de voie ferrée ne lui appartient en propre, mais au travers d'un tissu de conventions, de participations, etc.; qui a ceci de particulier que la plupart des sociétés coparticipantes ne possèdent rien non plus et se contentent d'exploiter, telle que l'*Auxiliaire* ou la *Madeira-Mamoré* qui afferment des lignes appartenant à l'Union, ou comme le *Chemin de fer du Parana* qui afferme une ligne de l'Etat de ce nom, telle encore l'*Antofagosta* qui exploite les lignes de la *Bolivia Railway C°*, et de l'*Aguas Blancas Railway C°* : il leur apparaît, disons-nous, que cet effroyable amalgame est indigne de retenir seul toute leur attention.

Et alors, le *Brazil Railway* contrôle le capital-action de la *Bolivia Development and Colonization C°* qui s'occupe de transports fluviaux en Bolivie; et alors le *Brazil Railway* se fait concéder 2.500.000 hectares dans les Etats du Parana et de Santa Catarina ; et alors le *Brazil Railway* achète 31.250 hectares en sus dans les Etats du Parana et de Sao Paulo. Et ces terrains, elle les lotit et elle les vend, car le *Brazil Railway*, sans qu'on s'en doute, est marchand de terrains, se livre à la spéculation sur les terrains.

Ça ne suffit pas encore. Alors le *Brazil Railway* constitue deux filiales, dont elle possède la totalité des actions, la *Southern Brazil Lumber and Colonization* et *la Brazil Land Cattle and Packing C°*.

La *Southern Brazil Lumber and Colonization C°* exploite des scieries et est marchande de bois; la *Brazil Land Cattle and Packing C°* se livre, dans l'état de Matto Grosso, à l'élevage et elle est marchande de bestiaux.

Mais la *Southern Brazil Lumber*, mais la *Brazil Land Cattle* ne sont que des prête-noms, et c'est bien le *Brazil Railway*, compagnie de Chemins de fer qui s'occupe de transports fluviaux en Bolivie, et qui, au Brésil, est marchande de terrains, marchande de bois et marchande de bestiaux. Et là est le danger. A supposer que le vieux proverbe français « qui trop embrasse mal étreint » n'ait aucune signification au Brésil, n'en voilà pas moins la porte ouverte à toutes les fantaisies des administrateurs, à tous les aléas devant résulter d'entreprises si peu homogènes.

Il nous reste, après avoir indiqué le capital et les objets du *Brazil Railway*, à étudier sa situation financière.

Avant que d'aborder dans le détail l'étude de la situation financière de cette Compagnie, il nous faut tout d'abord dissiper une équivoque. Lorsqu'en novembre dernier commencèrent de fléchir les cours des divers titres du *Brazil Railway*, les dirigeants de la Société firent paraître un communiqué où il était dit : « En prenant pour base les résultats des 9 premiers mois de l'année courante (1912) on pouvait évaluer les recettes totales de 1912 des lignes actuellement exploitées par le *Brazil Railway*, en vertu de contrats d'affermage, aux chiffres suivants : Recettes brutes 65.681.000 francs, recettes nettes 30.906.000 francs contre 58.726.000 francs et 25 millions 941.000 francs respectivement en 1911.

Par rapport à l'année 1908, c'est-à-dire en une période de 9 ans, l'accroissement des recettes serait ainsi de 77 o/o. »

Nous ne nions pas, certes, l'accroissement des recettes du *Brazil Railway*, mais, ainsi que l'a déjà fait notre confrère le *Brésil Economique*, nous sommes surpris que les dirigeants du *Brazil Railway* parlent toujours de l'accroissement de ses recettes sans jamais souffler mot de l'augmentation de ses dépenses. Or, cette augmentation est formidable. Et puisque la Compagnie commet involontairement des lacunes, nous nous emploierons, nous aussi, dans la sphère de notre action, à les combler. Les comptes de 1912 n'ayant pas encore été publiés nos calculs porteront sur les trois derniers exercices connus :

Charges financières.

1909 ....Fr.	2.610.720
1910	8.717.940
1911	13.012.216

Dépenses administratives.

1909	233.100
1910	440.300
1911	1.258.640

Total des charges.

1909	2.843.820
1910	9.158.240
1911	14.270.856

Ainsi qu'il ressort des chiffres ci-dessus, le *Brazil Railway*, en ces trois dernières années, a vu l'accroissement de ses dépenses atteindre environ 500 o/o, alors que de l'aveu même de la Compagnie l'augmentation des recettes en cinq ans n'a été que de 77 o/o. Voilà ce qu'il fallait mettre en lumière. Ajoutons d'autre part que les recettes de ces derniers mois ont singulièrement fléchi, tandis que les dépenses sont pour le moins restées les mêmes, si elles n'ont pas augmenté. Le *Brazil Railway* est une mauvaise affaire, déplorablement conduite, et qui, soutenue encore aujourd'hui par un bluff insolent, n'en est pas moins vouée au plus retentissant échec.

Venons-en maintenant aux bilans comparés des trois dernières années. Leur lecture n'est pas sans inspirer un certain nombre de réflexions, qui ont bien leur utilité pratique, si l'on veut percevoir, si sobrement que ce soit, les méthodes de gestion du *Brazil Railway*.

Bilan au 31 Décembre

Actif	1909	1910	1911
Portefeuille, participations, premier établissement ...	49.879.884	77.055.163	88.065.617

Report.....	49.879.884	77.055.163	88.065.671
Escompte et commissions sur obligations	2.953.781	7.315.394	10.737.301
Caisse et banque...	3.961.775	7.759.568	3.162.243
Versements à faire sur obligations 4 1/2 0/0.......	4.778.763	»	»
Provisions obligations 4½ françaises	»	222.443	251.431
Sommes dues par les filiales.......	5.728.786	2.053.727	2.496.266
Débiteurs	1.047.234	2.649.207	3.070.698
Auxiliaire de chemins de fer......	»	181.551	»
Fournitures et matériel	1.220.171	2.325.802	3.048.947
Dollars	69.290.348	99.422.855	110.832.486
Passif			
Actions privilégiées.	5.000.000	10.000.000	10.000.000
Actions ordinaires..	30.000.000	30.000.000	30.000.000
Obligations 4 1/2..	14.804.045	38.480.981	55.189.898
Obligations 5 0/0..	2.101.500	1.510.500	1.510.500
Créditeurs	16.648.334	17.553.692	12.824.963
Sao Paulo Ry.....	273.408	449.295	1.250.885
Réserves	»	444.811	964.968
Bénéfices	463.060	1.013.576	1.091.270
Dollars	69.290.348	99.422.855	110.832.486

Les rapports d'un Conseil d'Administration comportent dans la plupart des entreprises sérieuses, deux parties. Dans la première : le Conseil aborde la situation industrielle de l'entreprise qu'il gère, entre dans les détails de ce qui fut fait, précise les grandes lignes de ce qui se fera ; dans la seconde, le Conseil suit, pas à pas, les divers chapitres du bilan, éclaire ce qui peut paraître obscur, commente ce qui peut sembler incertain, en un mot place sous les yeux des actionnaires leur affaire dans son vrai jour.

Ainsi les choses se passent dans les affaires sérieuses, dans les affaires honnêtes. Mais les choses ne se passent pas du tout de la sorte à la *Brazil Railway C°.*

Nous avons sous les yeux l'avant-dernier rapport signé par Percival Farquhar, président, concernant l'exercice 1911, et qui occupe 4 colonnes 1/4 de la *Vie Financière* (10 septembre 1912) il est difficile d'imaginer plus lamentable pathos : tout est mêlé, tout est confondu. L'actionnaire est noyé sous le flot de détails oiseux, vides de sens et d'intérêt. On croirait vraiment que l'auteur de ce factum insipide a pris plaisir à abasourdir le lecteur sous l'avalanche de phrases creuses pour l'empêcher de s'apercevoir de tout ce qui fait défaut à ce déplorable écrit pour qu'il soit complet. Il est parlé de tout là-dedans, mais pêle-mêle, sans esprit et sans méthode, avec une obscurité voulue, une imprécision réfléchie. Toutes les billevesées qui ont passé dans la tête invraisemblable du malheureux scribe chargé d'enfanter cette lamentable brochure ont été écrites au petit bonheur et sans classification autre que la morne fantaisie que peut avoir un fait-diversier « tirant à la ligne ».

Tous les genres littéraires sont, du reste, à tour de rôle utilisés dans ces centaines de lignes. Le genre « ennuyeux » par exemple y prédomine. Toutefois, il y a place pour le genre badin. Les lignes consacrées notamment au chapitre des « Hôtels » seraient d'une efficace lecture à qui voudrait démontrer qu'en Amérique les grands hommes d'affaires ne parlent jamais que par plaisanterie des choses sérieuses.

Il va de soi que l'on ne saurait citer tout entier cette facétie un peu longuette. Nous nous en voudrions toutefois de ne pas lui emprunter quelques lignes suggestives.

Par exemple, voici ce que l'on dit des ports :

« Il a été constaté que, bien souvent, les Compa-
« gnies qui exploitent les ports, comme des entre-
« prises séparées, dirigent ces exploitations pour leur
« propre avantage, mais en opposition avec les
« intérêts généraux du pays et en grevant de lourdes
« charges le commerce d'importation et d'exporta-
« tion. En vue de concilier les intérêts des ports avec
« ceux des chemins de fer et du pays en général, la
« Compagnie a acquis le contrôle des entreprises con-
« cessionnaires du port de Rio-Grande do Sul et
« du Port de Rio-de-Janiero ».

Ici apparaît en pleine clarté la figure en relief de Percival Farquhar. Ici Percival Farquhar « bluffe ». Il « bluffe » avec une rare audace. C'est lui l'homme le plus impopulaire du Brésil, lui l'homme le plus attaqué, lui l'homme le plus justement accusé d'avoir foulé aux pieds les intérêts généraux du pays pour les asservir à ces combinaisons louches; c'est lui qui, d'un ton papelard, s'en vient assurer que parce qu' « il a été constaté bien souvent que les compagnies qui exploitent les ports...

dirigent ces exploitations pour leur propre avantage», lui, le bon Parcival Farquhar, vient déclarer qu'il a décidé pour sa modeste part de mettre un terme à ce funeste état de choses... C'est pourquoi, jugeant que les ports de Rio-Grande do Sul et de Rio-de-Janeiro étaient à même de procurer des bénéfices, il se les est adjugés, car il va de soi que les intérêts généraux du Brésil sont jumeaux des intérêts particuliers de Percival Farquhar.

Remarquez-vous suffisamment, du reste, de la façon galante dont ce même Percival Farquhar en use avec ses actionnaires ? Je sais bien du reste que ses actionnaires sont Français, Anglais, ou Belges, et que par conséquent ils ne se transporteront pas à Portland, Etat du Maine, U. S., pour interroger insidieusement Percival Farquhar ou Knox Little. Mais enfin, c'est la manière qui vaut d'être retenue. Même par rapport écrit et publié en Europe, trois mois ou six mois après l'assemblée, Percival Farquhar juge inutile de fixer le montant d'une opération aussi importante que celle de l'acquisition du contrôle de deux Compagnies, telles que le Port de Rio-Grande do Sul et le Port de Rio-de-Janeiro.

Veut-on d'autres preuves de ce mutisme conscient et organisé ?

Passons au chapitre : *Entreprises de développement*, on lit ceci : « Une colonie nouvelle a été fondée dans « la propriété de Rio das Antas, sur la rive gauche « du Rio Peixe, dans l'Etat de Santa Catarina. « Quelques ventes ont été faites de lots comprenant

« 20 hectares sur le pied de 70 francs l'hectare... »

Plus loin : « Le service de colonisation a également pris à charge deux propriétés achetées par « la Compagnie dans l'Etat de Sao Paulo. L'une « de ces propriétés a été divisée en lots dont quelques-uns ont été vendus à raison de 140 francs « l'hectare. »

Et voilà. Combien cela a-t-il coûté ? Combien cela a -t-il été vendu ? Silence actionnaires ! Cela vous importe peu, pourvu que le syndicat Percival Farquhar achète et vende, dormez sur vos deux oreilles.

Dans ce fameux chapitre des « Hôtels » auquel nous faisions allusion tout à l'heure, il est bien question de bâtir des hôtels confortables à Rio de Janeiro et à Sao Paulo. Et alors Percival Farquhar mentionne : « Ni l'une ni l'autre de ces villes ne possède actuellement d'hôtel de premier ordre : il n'est donc pas douteux que ces entreprises seront d'un excellent rapport, en même temps qu'elles augmenteront le nombre des voyageurs sur les lignes de la Compagnie. »

Cette dernière affirmation est une pure galéjade. Les gens voyagent pour leurs affaires, voire leur plaisir, mais ils ne voyageront pas pour aller voir si, à Rio de Janeiro ou à Sao Paulo, la méthode « Ritz-Carlton », instaurée par P. Farquhar, donne d'heureux fruits. Donc, ce n'est pas la construction d'hôtels qui « augmentera le nombre des voyageurs sur les lignes de la Compagnie ».

Au surplus que coûteront ces hôtels ? Le texte

que vous lisez attentivement dit bien que les terrains sont déjà achetés et que ces hôtels seront d'un bon rapport, mais ni d'une part, ni de l'autre, il n'y a le moindre coût, pas plus que la moindre précision de dépenses.

De tout ainsi, et chaque chapitre de cette assommante brochure décèle la même aversion de la sincérité, le même amour du silence... au moins quand il s'agit de choses importantes.

Cette même méthode fait grouper dans le bilan précité à l'actif, sous un même chapitre s'élevant à 88.065.617 dollars, tout un ensemble, dit le rapport, « d'actions, debentures et participations dans d'autres sociétés, concessions de terrains et affermages, etc., au prix coûtant (y compris frais d'organisation et frais financiers) ».

Or, quel est cet actif ? Les principales valeurs qui le composent sont les suivantes, au dire de la Compagnie :

46.952 Actions de 500 francs chacune (sur 50.000) de la *Compagnie du Chemin de fer Saô-Paulo-Rio Grande.*

20.000 Actions privilégiées de $ 100 chacune (la totalité) de la *Sorocabana Railway Company.*

79.360 Actions ordinaires de $ 100 chacune (sur 80.000) de la *Sorocabana Railway Company.*

£ 825.000 « Firts Debentures » 4 1/2 0/0 de la *Sorocabana Railway Company.*

27.220 Actions privilégiées, de dividende et de jouissance (sur 82.000) de la *Compagnie Auxiliaire de Chemins de fer au Brésil.*

36.011 Actions ordinaires (sur 72.000) de la *Compagnie des Chemins de fer du Sud-Ouest Brésilien,* qui a en portefeuille 13.799 actions de la *Compagnie Auxiliaire de Chemins de fer au Brésil.*

£ 900.000 Obligations 6 o/o « First Mortgage 60-Year » de la *Madeira Mamoré Railway Company.*

2.500 Actions privilégiées de $ 100 chacune (sur 10.000) de la *Madeira-Mamoré Railway Company.*

48.750 Actions ordinaires de $ 100 chacune (sur 100.000) de la *Madeira-Mamoré Railway Company.*

157.783 Actions de 200 milreis ou 320 francs environ (sur 400.000) de la *Companhia Paulista de Vias Ferraes e Fluviaes.*

107.093 Actions de 200 milreis chacune ,ou 320 francs environ (sur 400.000) de la *Companhia Mogyana de Estradas de Ferro e Navegaçao.*

25.000 Actions de $ 100 chacune (la totalité du capital-actions émis) de la *Southern Brazil Lumber and Colonization Company.*

£ 800.000 Obligations 5 o/o « First Mortgage » de la *Southern Brazil Lumber and Colonization Company.*

1.621 Actions privilégiées et 192 Actions ordinaires de 500 francs chacune, 42 parts de fondateurs de la *Compagnie Française du port de Rio Grande do Sul.*

10.046 Actions privilégiées et ordinaires (sur 20.000) de 500 francs chacune de la *Compagnie du Port de Rio-de-Janeiro.*

50.000 Actions de 100 milreis chacune (la totalité) de la *Companhia dos Grandes Hotels do Sao Paulo.*

2.000 Actions de 500 francs chacune (la totalité) de la *Companhia Estrada de Ferro Norte do Parana.*

Contrat d'exploitation de la *Sorocabana Railway.*

Contrat d'exploitation du *Chemin de fer Saô-Paulo-Rio Grande,* y compris les Chemins de fer du Parana et de Theresa-Christina.

Contrat d'exploitation du réseau de la *Compagnie auxiliaire de Chemins de fer au Brésil.*

Terrains concédés à la Compagnie du Chemin de fer Saô-Paulo-Rio Grande, lesquels, après délimitation, devraient comprendre environ 2.500.000 hectares.

Que vaut cet actif ? Dans leur rapport les « auditors » (commissaires aux comptes) ont eu un mot charmant. Est-ce candeur ? est-ce malice ? Ils ont écrit : « Il ne nous est pas possible d'évaluer la valeur intrinsèque des éléments d'actif compris « sous la rubrique « *Actions, Debentures et Partici-* « *pations dans d'autres sociétés, etc...* », mais sous ré- « serve de cette observation, le bilan ci-après repro- « duit exactement, à notre avis, la situation, etc., « etc.. »

Voilà si l'on ose dire, un aveu dépouillé d'artifices. M.M. les « auditors » avouent eux-mêmes que cet actif ne s'évalue pas, et MM. les « auditors » ont bien raison d'avoir cette franchise, elle nous change d'avec le langage du Conseil d'Aministration.

Celui-ci en effet n'écrit-il pas au sujet du tableau que nous publions ci-dessus:

Principales Valeurs, Affermages,
Contrats d'Exploitation et Concessions
de Terrains appartenant à la Compagnie
ou à des Compagnies subsidiaires
au 31 *décembre* 1911

Que signifie ce verbiage : « Principales valeurs »; cela suppose évidemment qu'il y en a d'autres; alors quelles sont-elles ?... « Appartenant à la Compagnie ou des compagnies subsidiaires. » Robert Macaire lui-même savait que le « tien » et le « mien » constituent deux choses distinctes. Est-ce que Percival Farquhar ingnorerait ces notions que Mandrin, Cartouche et Robert Macaire reconnaissaient par le fait même qu'ils les violaient. Depuis quand met-on pêle-mêle dans son actif ce qui vous appartient et ce qui appartient à autrui ?

La comptabilité de la *Brazil Railway C°* est-elle tenue par des « Botocudos », extraits à grands frais de la Serra do Espigao ?

En second lieu, quel est l'arbitraire qui préside à cette singulière façon de présenter les chiffres. Quelle est la valeur de tous ces contrats ? Combien plus douteuse encore celle de tous ces bouts de papiers sans marché ni transactions d'aucune sorte. Quelle est la valeur marchande, par exemple, de l'action *Grands Hôtels de Sao Paulo* ? Je sais bien qu'elle a la valeur nominale de 100 milreis, mais encore cela n'est pas une valeur vénale. Quelle est la valeur réalisable des actions *Nord du Parana* ? Mais quelle est, oui, quelle est surtout la valeur effective de ces contrats d'exploitations ?

Cela nul ne le sait. Ni Dieu même probablement, ni même probablement Percival Farquhar. Mais cela n'empêche pas, du reste, de gonfler ce poste d'années en années et de lui donner par exemple de 1910 à 1911 une plus-value de 11.010.455 dollars.

A la fin du bilan publié avec le rapport, on lit « pour mémoire » au passif : « Il existe des engagements contingents relatifs au capital non appelé sur certaines actions s'élevant à 1.518.260 dollars et aussi au sujet des garanties données par cette Compagnie pour le compte des sociétés filiales ou alliées. » C'est tout, aucun chiffre en regard : rien.

Or, ces engagements contingents sont formidables : ce sont ceux des obligations *Sorocabana*, *Madeira-Mamoré*, etc., dont nous parlions ci-dessus...

Actif dont la consistance ne peut pas s'établir, passif au trois quarts inavoué, voilà qui résulte clairement de la lecture des bilans de la Compagnie.

Valeur réelle d'un énorme stock de papier inconnue, engagements nombreux dont le total n'est pas précisé, voilà qui ressort des écritures sociales.

Résumons nous : le *Brazil Railway* est intéressé au Brésil, en Uruguay, au Chili, en Bolivie, etc. Les intérêts qu'il possède dans ces divers pays sont des intérêts composites, sans liens entre eux, relevant de toutes les branches de l'activité humaine. De cet ensemble prodigieux le *Brazil Railway* tire en principe peu de ressources, car si l'on en excepte les actions *Paulista*, *Mogyana*, et *Auxiliaire des chemins de fer au Brésil*, tous les titres détenus sont improductifs. Par contre cette entreprise obscure et formidable, anarchique et disparate, possède le pouvoir précieux, pour elle, d'émettre en quantité prodigieuse titres sur titres, actions sur actions, obligations sur obligations. Dirigée de la façon la plus aventureuse, soumise par l'éparpillement même des capitaux et l'enchevêtrement de ses participations à toutes les fluctuations politiques, économiques, financières ou climatériques, le *Brazil Railway* nous apparait comme l'entreprise la plus téméraire, qui soit jamais sortie d'un cerveau Yankee, mais celle aussi, qui peut permettre, un jour, d'accomplir la plus grosse faillite *of the wordl.*

***

Après cette formidable machine que constitue le *Brazil Railway*, le besoin se fait tout naturellement sentir de revenir à de plus modestes entreprises.

La *Compagnie des Chemins de fer du Nord du Brésil* est une société anonyme brésilienne qui fut constituée le 3 mars 1905, au capital de 12.500 contos de reis (35.000.000) divisé en 62.500 actions de 200 milreis. Bien entendu, ce gros capital fut souscrit de façon minime.

Cette compagnie prenait la suite de la *Compagnie des voies ferrées et fluviales du Tocantin et Araguaya.* Cette Compagnie au titre sonore avait tout juste deux petit bateaux qui naviguaient sur le Tocantin, et qui furent payés très cher en actions d'apports.

Le Tocantin qui relie Alcobasa à Belem, capitale de l'Etat de Para, n'est navigable que de Belem à Cameta, la navigation entre le haut et le bas Tocantin étant interceptée par les rapides, et il est de toute impossibilité à un vapeur jaugeant plus de 100 tonnes d'aller de Cameta à Alcobasa.

La *Companhia das Estradas de Ferro do Norte do Brazil* (*Compagnie du Chemin de fer du Nord du Brésil*) se proposait donc d'exploiter une ligne du chemin de fer de 180 kilomètres environ, reliant Cameta à Alcobasa, tout en conservant le cabotage dans la partie navigable du fleuve.

Mais s'il y a loin de la coupe aux lèvres, il y a plus loin semble-t-il de la conception à la construction d'une ligne de chemin de fer au Brésil.

On débuta d'abord par émettre en France, en 1905, 25.000 obligations de 500 francs, ce qui faisait 12.500.000 francs.

Puis on commença les travaux. Ils présentèrent de suite des difficultés. En principe, les entrepreneurs coûtaient fort cher et l'argent fondait comme beurre au soleil. Ensuite, cette partie du Brésil était à déboiser et pleine de marais parfaitement insalubres. Les hommes y mouraient comme des mouches et la main-d'œuvre fut de plus en plus difficile à recruter.

A fin 1906, l'on avait fini par déboiser 40 kilomètres et l'on avait construit 4 kilomètres de voies ferrées. Remarquons entre temps que la concession était accordée depuis le 16 octobre 1890. En 16 ans, on était donc arrivé à ce résultat.

On fit un nouvel appel au crédit et 12.500.000 francs provenant d'une émission nouvelle d'obligations tombèrent dans les caisses de la Société.

Les difficultés continuaient, du reste, avec les entrepreneurs et les ingénieurs. A des entrepreneurs français succédaient des italiens, des ingénieurs brésiliens succédaient à des ingénieurs français. De plus, les travaux étaient exécutés de façon lamentable. On atteint enfin 10 kilomètres. Le Fiscal, fonctionnaire chargé par le gouvernement fédéral de surveiller les travaux, vient à Alcobasa, il constate que la ligne longeant le fleuve se trouve sous l'eau. L'ingénieur avait omis de construire des aqueducs. Le gouvernement fédéral ordonne de reconstruire la ligne. La Compagnie s'y contraint. Elle change d'ingénieur. Celui-là est un brésilien, il pousse les travaux avec énergie, on construit 700 mètres de voies par jour. Et l'on atteint en 1909 : 27 kilomètres. Par malheur, les locomotives lancées sur cette voie déraillaient plusieurs fois par jour. L'ingénieur brésilien n'avait pas su calculer ses courbes.

En 1911, la Compagnie avait atteint 45 kilomètres de voie ferrée et 60 kiomètres de déboisement ; comme la caisse était à sec, la Compagnie congédia la majeure partie de ses ouvriers et n'en conserva plus que 150.

D'après le décret de concession, les 187 kilomètres de la ligne devaient être ouverts au trafic en 1907. On obtint du gouvernement fédéral un nouveau délai jusqu'en 1911. En 1911, la voie ne comportait ainsi qu'on a vu plus haut, que 45 kilomètres, il restait à en construire 142. Un nouveau délai à été accordé.

Mais la situation reste confuse, le gaspillage semble, du reste, avoir été la principale politique du Conseil d'administration. Alors que la ligne n'avait pas 4 kilomètres, il commandait à Liège des locomotives du dernier type et des voitures d'un luxe inouï ; alors que pas un train ne marchait, il dépensait un argent fou à l'installation d'un atelier complet de réparations dont le besoin ne se faisait nullement sentir.

Il résulte de ce que nous venons de dire que 45 kilomètres ont coûté plus de 23 millions, et avec le déboisement 60 millions, que pour achever la ligne il en faudra au moins autant et que pour faire face à ces charges, la Compagnie n'a en tout et pour tout que l'annuité de 810.000 francs consentis par le gouvernement fédéral, car bien entendu l'Etat de Para, qui lui aussi avait promis son concours, n'a jamais versé un réal. Le *Nord du Brésil* semble voué à la faillite.

Emises au-dessus de 450 francs, les obligations *Nord du Brésil* se négocient aujourd'hui à 183 francs.

***

Ce qui constitue, à proprement parler, l'originalité de la *Estrada de Ferro Noroeste do Brazil* (*Chemin de fer du Nord-Ouest du Brésil*), c'est la miraculeuse aisance avec laquelle cette compagnie a changé maintes fois de concessions.

Lorsque cette Compagnie fut créée en effet sous la législation brésilienne à Rio de Janeiro, elle se proposait d'exploiter une concession accordée dès le 16 octobre 1890 par le Gouvernement fédéral brésilien, concession qui avait pour but de relier la ville de Uberaba située dans la région diamantifère de Minas Geraes, à Coxim (Etat de Matto Grosso) en traversant l'Etat de Goyaz.

Pour ce faire, la Compagnie émit un capital de 10.000 contos de reis divisé en 50.000 actions de 200 milreis. Bien entendu la majeure partie de ce capital servit à rémunérer l'apport de la concession.

Cette concession fut du reste modifiée dans la suite par les décrets du 30 juillet et 18 octobre 1904. De par ces décrets, la ligne à construire prenait comme tête de ligne Bahuru, petite ville sans importance de l'Etat de Sao Paulo, point terminus de la *Sorocabana Ry*, pour aboutir à la capitale de l'Etat de Matto-Grosso : Cuyaba. Ce trajet comportait 1.200 kilomètres.

Au reste, n'étant pas brésilienne pour rien, la Compagnie avait dès son bas-âge l'amour des emprunts et elle succomba à cette tentation dès 1904 en émettant 115.000 obligations de 500 francs du type 5 o/o qui étaient gagées sur tous les biens de la Compagnie au Brésil — ce qui jusqu'alors était peu de choses — mais encore sur la garantie trentenaire accordée par le Gouvernement Fédéral Brésilien en vertu du décret n° 862 du 16 octobre 1890 afférent à la première concession et n° 5.266 du 30 juillet et n° 5.349 du 18 octobre 1904. Si les morts vont vite, les décrets du Gouvernement brésilien n'agissent pas autrement.

On pouvait espérer qu'ayant déjà deux fois changé d'objectif social la Compagnie s'en tiendrait là. Il n'en fut rien. Le 24 mars 1908 la Compagnie passait avec le Gouvernement fédéral brésilien un nouveau contrat modifiant la seconde concession accordée. La *Estrada de Ferro Noroeste do Brazil* voyait son réseau réduit au seul parcours de l'Etat de Sao Paulo, le réseau ne comportant plus qu'une ligne partant de Bahuru et s'arrêtant à Itapura, ville frontière à la limite de l'Etat de

Matto-Grasso, ligne d'une longueur totale de 440 kilomètres. Cette ligne fut mise en exploitation le 10 août 1910.

Mais ce que le gouvernement brésilien lui retirait d'une main il le redonnait de l'autre à la Compagnie. En effet, s'il lui enlevait par un décret une concession de près de 500 kilomètres, par un second décret, il lui conférait le droit de construire pour lui, Etat fédéral, une ligne de 960 kilomètres qui traversant tout l'Etat de Matto-Grosso, d'Itapura, atteignait Esperança sur le Rio Paraguay et de là, remontant au nord, rejoignait Corumba vers la frontière bolivienne.

Le décret du 24 mars changeait la situation de la Compagnie qui devenait à la fois une Compagnie d'exploitation et une Compagnie de construction.

Si la Compagnie changeait si aisément de concessions, c'est qu'elle n'apportait aucun soin à l'étude de ces réseaux. Je crois bien qu'il lui eût été indifférent de se voir accorder le monopole du transit de la Terre à la Lune. Elle eût émis des obligations d'abord, quitte à rechercher par après les moyens de joindre les deux points à relier.

Car c'est un fait : sachant fort bien d'où elle partait et où elle devait aboutir, la *Companhia das Estradas de Ferro Noroeste do Brazil* (*Nord-Ouest du Brésil*) ne s'était même pas donné la peine de repérer son tracé.

Si le proverbe antique : *Audaces fortuna juvat* se réalise quelquefois, il ne se réalisa pas pour le

Nord Ouest du Brésil dont l'audace ne fait pas de doute mais dont l'infortune est tout aussi notoire.

Quand la dette obligataire fut contractée, il fut stipulé d'après les calculs incertains de la Compagnie que les 1.000 kilométres à construire coûteraient chacun 100.000 francs. Cela ne faisait guère que le total insignifiant de 100 millions. Mais quelles étaient donc les bases de ce calcul? Nul ne le sait. Par contre il est prouvé aujourd'hui que toute la région s'étendant entre le point de départ et le point d'arrivée était inexplorée, que l'on ne possédait sur elle que des renseignements extrêmement vagues.

Et alors ! Et alors, c'est bien simple : le kilomètre coûtait beaucoup plus cher que 100.000 francs. On s'en serait douté. La région traversée était malsaine, la main d'œuvre se recrutait difficilement, les fièvres paludéennes sévissaient à l'état endémique, et les attaques incessantes de populations sauvages accroissaient des difficultés sans cesse renaissantes.

D'autre part, le gouvernement brésilien dont la fixité dans les idées ne semble pas être la qualité maîtresse, à tout bout de champ modifiait le tracé.

Après, la Compagnie finit par avouer piteusement sa détresse. Elle a déclaré, en se frappant la poitrine, qu'à l'optimisme des prospectus d'émission avait succédé pour elle une suite ininterrompue de désillusions et pour racheter son inconcevable légèreté elle demandait aux bons

Belges ou Français, ses obligataires, de bien vouloir s'amputer d'un cinquième et demi de leurs coupons.

La naïveté des capitalistes tout comme la miséricorde de Dieu et la bêtise humaine est sans bornes. On leur a présenté une concession à vol d'oiseau reliant des villes à noms sonores et barbares et on leur a expliqué que le Gouvernement brésilien accordait une subvention à ce problématique voyage d'exploration : il n'en a pas fallu plus. En échange des pauvres deniers mis l'un après l'autre dans le bas de laine, on leur a accordé une petite vignette assez bien venue, ma foi, et puis l'on a réduit leur revenu de 5 0/0 à 3 1/2 0/0 jusqu'en 1925. En 1925 le roi, l'âne ou le capitaliste seront morts et la Compagnie qui ne pouvait faire face avec la garantie gouvernementale qu'au service de 87.000 obligations sur 115.000 aura eu le temps de faire décemment faillite.

C'est sans doute ce qu'au théâtre Cluny on appelle mis en vaudeville : *Le truc du Brésilien.* »

Quand Aman son premier ministre et son historiographe lisait à Assuérus les fastes de son règne, ce souverain fabuleux trouvait qu'à chaque page c'était « toujours la même chose ». Lisant cette étude le lecteur doit penser comme Assuérus. Hélas! le fait n'est que trop exact et l'on ne peut que s'étonner que tant de gens ruinés par les chemins exotiques n'aient pas encore servi d'exemple à ceux qui songent à s'y ruiner encore.

***

En juin 1912, la *Compagnie Brésilienne de chemins de fer*, Compagnie à portefeuille, et grande détentrice de titres *Nord-Ouest du Brésil*, émettait à Bruxelles 30.000 obligations or, de 500 francs chacune à un taux très avantageux. Par malheur ce placement très avantageux, qui, au cours d'émission, représentait un revenu net de 5 55 o/o, possédait quelques désavantages. Certes le revenu était attrayant, mais les souscripteurs qui voient à l'heure actuelle leurs titres coter en Bourse de Bruxelles 300 fr. estiment sans doute qu'il était plus avantageux de ne pas souscrire puisqu'ils ont perdu plus d'un cinquième de leur capital et que leur titre est pratiquement invendable.

***

En juillet 1910 la *Société Marseillaise* émettait sur le marché de Paris 16.000 obligations 5 o/o 1re hypothèque de la *Companhia geral de Melhoramentos no Rio de Janeiro*, tandis qu'on émettait en même temps 8.000 autres obligations du même genre sur le marché d'Amsterdam.

A vrai dire cette compagnie, dont l'entreprise était multiple, paraissait présenter quelques garanties. On avait soin en effet d'exposer aux souscripteurs que la *Companhia geral de Melhoramentos no Rio de Janeiro* avait été fondée en novembre 1883 — 27 ans d'existence au Brésil pour une société cela équivaut à 50 ans de longévité en France — au capital de 2.250.000 fr. porté depuis à 8 millions. On demandait donc à l'épargne française de fournir un capital-obligations égal au capital-actions.

Tout comme la *General Company of Central America* la société qui nous occupe n'hésitait pas à mettre la main à plusieurs pâtes. Son objectif était des plus variés. Qu'on en juge. Lors de l'émission, elle possédait deux lignes ferrées de 34 kilomètres, avec 6 kilomètres d'embranchement, reliant d'une part Sao Joao à la vallée de Puchy et Riochuelo à Porto de Sape, 6 locomotives et 200 wagons; en plus, elle avait dans l'Etat de Sergipe, à Riachuelo, une sucrerie centrale (pourquoi centrale ?) qui dit-on produisait 70.000 sacs de sucre par an, et encore dans le même Etat une distillerie produisait 3.500 litres d'alcool par jour; elle possédait encore dans l'Etat de Parahyba à Sao-Joao une autre sucrerie (toujours centrale) qui produisait, à l'en croire, 80.000 sacs de sucre par an, et une distillerie produisant 4.000 litres d'alcool par jour, encore dans ce même Etat 2.450 hectares de cannes à sucre ; enfin, la Compagnie possédait par surcroît à Rio-de-Janeiro une grande raffinerie de sucre (celle-là n'est pas centrale) qui devait produire 60.000 sacs de sucre raffiné par jour et une distillerie qui lui était annexée qui devait produire 6.000 litres d'alcool par jour.

Le *Bulletin du Journal officiel* publia en date des 9 mai et 13 juin 1910 toutes ces affirmations téméraires, en même temps il insérait un bilan particulièrement édifiant. On y voyait entre autres singularités que le capital de 8 millions n'avait été libéré que de 3.930.000 francs et l'on y voyait aussi que les disponibilités de la Compagnie ne ressortaient d'après les écritures sociales qu'à 134.536 francs alors que les exigibilités s'établissaient en contre-partie pour 11.989.984 francs. Il y avait de quoi muer en incrédulité impénitente la foi la plus robuste.

Mais qui lit les bilans? Sans doute les professionnels qui n'ont pas d'argent à placer.

Toujours est-il qu'on souscrivit d'allégresse et d'autant plus que les émetteurs avaient eu l'ingéniosité de faire figurer en tête du prospectus ces mots magiques et trompeurs : « Etats-Unis du Brésil. » Des esprits un peu simplistes devaient voir là sans doute l'assurance d'une garantie du gouvernement fédéral.

Les choses allèrent assez bien au début. Mais voici qu'en octobre 1912 la Compagnie jugea plus simple et moins onéreux de ne pas payer ses coupons. Là-dessus on apprit que la première hypothèque concédée aux obligataires était primée par deux hypothèques prises par des créanciers brésiliens.

Sur des plaintes, le Parquet s'émut, commit un juge d'instruction et ouvrit une information contre X... Une information contre X.? Ah çà! mais le Parquet ne lit donc pas les prospectus d'émission?

***

Il y a des analogies frappantes entre la *Companhia*

geral de Melhoramentos em Pernambuco et la *Companhia geral de Melhoramentos no Rio-de-Janeiro.*

Il y a cependant pour celle-ci une particularité qui a bien son charme. De même que pour une jolie femme, on ignore la date exacte de sa naissance. Selon certains annuaires, elle naquit à Rio-de-Janeiro en 1891, selon d'autres en 1893.

Mais foin de cette incertitude, puisque tout le monde convient que sa longévité a été fixée à 80 ans et tout le monde convient aussi que ces générateurs la dotèrent d'un capital de 3.500 contos de reis (soit 5.500.000 francs) divisé en 17.500 actions de 200 milreis. Le prospectus d'émission stipulait bien qu'il n'existait aucune part de fondateur, mais le prospectus d'émission négligeait complètement de mentionner combien il y avait eu d'actions d'apport.

Pour insignifiant que l'on juge ce détail, qui, au point de vue de la Compagnie, ne paraissait revêtir aucune espèce d'importance, la *Companhia Geral de Melhoramentos em Pernambuco* avait pour objet (d'après le *Bulletin annexe du Journal Officiel* en date des 7, 14 et 21 juin 1909), la construction et l'exploitation d'usines centrales pour le raffinage du sucre de cannes ainsi que pour la fabrication de l'alcool à Pernambuco, la construction et l'exploitation de chemins de fer desservant les régions agricoles, enfin la construction de nouvelles cités et les améliorations à apporter dans la ville de Récife et autres localités de l'Etat de Pernambuco.

Pour la claire compréhension des faits il n'est peut-être pas inutile de rappeler que l'Etat de Pernambuco situé sur l'Atlantique et cerné par les Etats de Parahyba, Ceara, Piauhy, Bahia et Alagoas ne compte pour une superficie de 128.395 kilomètres que 2.407.400 habitants. Sa capitale est Récife (ou Pernambuco) qui nombre 190.000 âmes. La situation de la ville est assez curieuse. A vrai dire, ce n'est pas une ville, mais bien quatre qu'il faudrait dire, puisque les rios Capibaribe et Beberibe qui la baignent la divisent en quatre cités : Sao Frei Pedro Gonçalves qui est dans un isthme, Sao Antonio qui est dans une île, Sao José qui est dans une autre île et Boa Vista qui est sur le continent. Il va de soi que la configuration géographique de Récife avait nui à son développement normal et qu'en dépit des 6 ponts qui relient tant bien que mal ses quatre quartiers, bien des embellissements étaient souhaitables.

Il va de soi aussi que l'Etat de Pernambuco est fertile en cannes à sucre et qu'il était tout à fait légitime de songer à raffiner cette matière première.

Ces choses frappèrent les souscripteurs auquel on parla d'emprunter sous forme d'obligations 6.500.000 francs en 15.000 obligations de 500 fr., dont une première tranche de 11.400 obligations fut émise en 1909. Remarquons tout de suite que la dette obligataire devait, une fois émise, dépasser sensiblement un capital dont on ne sait du reste combien fut effectivement versé.

Vaines recherches! lors de l'émission, la Société possédait, disait-on, une ligne de chemins de fer de 100 kilomètres à grande voie se raccordant à Ribeiroa à la ligne du *Great Western* et son matériel roulant se composait de 12 locomotives et de 250 wagons; elle se proposait encore de poursuivre sa ligne jusqu'à Jacuype. Mais elle ne possédait pas seulement une ligne de chemin de fer, elle était encore propriétaire du village de Ribeiroa où elle détenait 150 maisons sur 350 et diverses propriétés territoriales d'une superficie de 10.000 hectares environ.

Ainsi, la *Companhia Geral de Melhoramentos em Pernambuco* quémandeuse se présentait à nous sous la quintuple qualité de propriétaire terrien, de raffineur, de distillateur, de possesseur de chemin de fer et, pour ne rien oublier, d'architecte paysagiste. Il n'y a que les rastaquouères pour se parer de tant de titres.

Les obligations émises au cours de 445 francs jouissaient d'une hypothèque sur la ligne de Ribeiroa à Bareiros et éventuellement jusqu'à Jacuype et sur une hypothèque générale sur tous les bien de la Compagnie. Il est vrai, ce qui reste à démontrer, que si l'hypothèque sur tous les biens de la Compagnie — à l'exception du reste de l'immeuble de Sitio da Torre, à Récife — avait quelque valeur, l'hypothèque sur la ligne ferrée ne venait qu'en seconde ligne, le réseau étant déjà grevé d'une première hypothèque en faveur de la *Great Western of Brazil Railway C° Ltd.*

Les obligations *Compagnie Générale de Pernambuco,* qui furent poussées en Bourse en 1909 jusqu'à 462 francs, ne connurent plus que le recul une fois le papier placé. En 1911 elle faisait au plus bas 375, elles sont aujourd'hui très difficilement vendables, hors Bourse, vers 220 francs.

* * *

C'est à pareille chute que semblent vouées les obligations de *The South Brazilian Railway Company Limited* (Chemins de fer du Sud du Brésil). Le propre de cette Compagnie de chemins de fer c'est qu'elle n'a pas de chemin de fer du tout. Elle a racheté d'une Compagnie agonisante, l'*Empreza Ferrocaril Curitybana,* un tramway que celle-ci possédait à Curityba, petite ville de 50.000 habitants, capitale de l'Etat de Parana, puis elle se proposa l'électrification de cette ligne ainsi que l'éclairage et la distribution de la force électrique dans cette même cité.

Pour cette visée médiocre, il a fallu à la *South Brazilian Railway C° Ltd* beaucoup d'argent.

Son capital qui n'était à l'origine que de £ 150.000 fut porté à £ 300.000, soit 7.500.000 francs. Il est vrai qu'il ne fut pas entièrement versé de suite puisqu'au dernier bilan publié (31 mars 1912) il ne figurait que pour £ 290.986.

Il fut émis d'abord 15.000 obligations de £ 20 en 1910, l'année même de la fondation de la Compagnie (23 février 1910) et alors que le capital n'était pas encore entièrement souscrit, puisque d'après la notice parue au *Journal Officiel*, seulement 36.743 actions étaient libérées (les actions d'apports sans doute), 757 libérées d'un quart seulement alors que le montant total était 75.000 actions de £ 4. Cette première tranche concernait le rachat de l'*Empreza Ferrocaril Curitybana*.

Il fut émis ensuite 25.000 obligations de £ 20 également, destinées à la branche éclairage et force électrique.

Si nous faisons le total, nous nous apercevons que la Compagnie investissait dans son entreprise 27.500.000 francs. Avec douze millions, *l'Ouest-Lumière*, éclairait et fournissait la force à une population de la banlieue parisienne décuple au moins de celle de Curityba. Il est vrai que cette compagnie ne se flattait pas d'avoir des chemins de fer quand elle n'en avait pas.

Le dernier bilan publié fait, du reste, ressortir une situation financière particulièrement gênée. On peut la résumer ainsi :

Actif ;		Passif :	
Immobilisations ..	927.958	Capital............	290.986
Débiteurs divers....	1.816	Obligations émis .	661.800
Caisse et banques .	56.444	Créanciers divers .	33.432
	986.218		986.218

Ainsi l'actif réalisable est de £ 1.816, l'actif disponible de £ 56.444, ce qui fait un total de disponibilités s'élevant à £ 58.860 (1.456.500 francs); mais, par contre, les exigibilités immédiates s'élèvent à £ 33.432 (835.800 francs), ce qui ne laisse qu'un fonds de roulement de £ 14.828, fonds de roulement d'autant plus mince qu'il y a à assurer le service d'intérêt à 5 o/o de £ 661.800 (16 millions 545.000 francs), ce qui exige bon an mal an 827.250 francs ; d'où, un reliquat pour assurer la marche de l'entreprise s'élevant à 8.550 francs. C'est peu !

Aussi, l'incertitude est-elle grande. Les obligations émises à 455 francs et qui furent poussées en Bourse jusqu'à 470 pour la première série et 459.50 pour la seconde ne se négocient plus que très péniblement aux environs de 290, en attendant pire.

Les obligations du *Chemin de fer du Nord de Parana* iront-elles les rejoindre ? On pourrait croire que oui. Cette Compagnie est concessionnaire d'une ligne de 43 kilomètres, à voie de 1 mètre, joignant Curityba à Rocinha. Cela ne l'empêcha nullement, du reste, avec un capital de 1 million de francs, d'émettre un emprunt obligataire de 4.350.000 francs. Emises le 29 avril 1907 à 427 fr. 50, ces obligations atteignirent en 1909 444 francs et par une lente décroissance sont tombées aujourd'hui à 327 francs.

Il faut en finir avec les Chemins de fer Brésiliens. Les envisager tous — et nous ne parlons que des mauvais — un volume ne pourrait y suffire.

Accordons toutefois une mention honorable dans ce palmarès de Compagnies vouées à la déconfiture à *The State of Bahia South Western Railway Cy Ltd* appelée plus ordinairement *Sud-Ouest de Bahia.* Cette compagnie anglaise fut enregistrée à Sommerset-House le 11 septembre 1908. Son capital était de £ 200.000 divisé en 200.000 actions de £ 1 dont 180.000 furent attribuées en rémunération d'apports, de sorte qu'il ne restait à souscrire que £ 20.000, soit 500.000 francs sur 5 millions de francs de nominal. Le capital effecti ement était donc réduit au dixième. Encore y a-t-il de fortes présomptions que ce dixième n'ait jamais été souscrit. En effet, au dernier bilan publié (28 février 1912), le compte capital-actions et obligations, bloqué en un seul poste, figure pour £ 241.499. Or, les 12.000 obligations émises par la Compagnie représentant une valeur nominale de £ 250.000, on peut croire dès lors que pas un penny du capital social n'a été souscrit. Ce qui confirmerait, du reste, ces prévisions, c'est que £ 8.600 d'obligations ne ressortent pas dans ce compte avoué et que £ 20.000 de capital seraient restées à la souche, ce qui donne un ensemble de £ 28.600 assez voisin d'un compte titres en portefeuille de £ 33.101 inscrit à l'actif.

La Compagnie possède en concession une ligne de 114 kilomètres reliant le port d'Ilheos à Tabocas dans l'intérieur des plantations ; elle possède le warf, et les entrepôts d'Ilheos et elle se proposait et se propose en outre l'exploitation de tramways, de lignes télégraphiques, de lignes téléphoniques dans l'Etat de Bahia, plus toute une série d'objets accessoires qui font de l'article 3 du memorandum d'association le plus étrange pêle-mêle qui se puisse concevoir.

Le bilan que nous avons sous les yeux n'est pas des plus brillants. La Compagnie a des dettes s'élevant à £ 60.884 (1.522.100 francs) et pour y faire face, en dehors du portefeuille dont nous ne tenons aucun compte pour les motifs sus-énoncés, elle ne possède que £ 37.164 tant en actif disponible qu'en actif réalisable, soit 929.100 francs. Il y a donc une insuffisance de 593.000 francs dans le fonds de roulement. Dès lors, le service d'intérêts des obligations apparaît en péril.

Les obligations 6 o/o *Sud-Ouest du Brésil* cotent 318. Elles furent émises à 465 francs en 1910. On les poussa même par un coup de folie en 1911 jusqu'à 490 francs. C'est pour les acheteurs bénévoles à ce cours une première perte de 172 francs; ce n'est pas, à coup sûr, la dernière.

Jusqu'au début d'octobre 1912 tout le monde ignorait, en France, la *Compagnie du Chemin de fer de Dourado.* Chose plus étrange, presque tout le monde l'ignorait au Brésil.

C'est que cette Compagnie lilliputienne n'était pas autre chose, somme toute, qu'une façon de ligne d'intérêt local desservant quelques municipes peu importants de l'Etat de Sao-Paulo.

Il faut dire de suite que si cette Compagnie était ignorée, elle ne faisait rien pour se faire connaître. Son goût du mystère allait si bien que son insertion au supplément du *Journal Officiel* peut être considérée à bon droit comme un modèle de discrétion.

En effet, c'est bien vainement qu'on eût recherché dans ce *Bulletin des Annonces Légales*, aussi bien du reste que dans le prospectus d'émission, le moindre renseignement concernant le contrat de concession de la Compagnie. Elle affirmait bien qu'en l'Etat de Sao-Paulo elle jouissait d'une concession de 408 kilomètres et d'une subvention de 2.270.000 francs environ, mais elle omettait de préciser si ces 408 kilomètres lui étaient concédés pour 10 ans ou pour 1.000 ans, mais elle négligeait d'indiquer si cette subvention de 2.270.000 francs environ était annuelle ou, une fois donnée, si elle s'appliquait à l'équipement de la ligne, ou si elle constituait une garantie kilométrique.

Il est vrai que le silence est d'or surtout sur les Compagnies qui ont le bon sens de céler leur situation exacte.

Quoiqu'il en soit du reste de ces points qui ne semblaient présenter aucun intérêt pour les émetteurs, non plus du reste que pour les souscripteurs, puisqu'il se trouva des gens pour souscrire, la *Compagnie du Chemin de fer de Dourado* annonçait bien haut un capital de 3.000.000 de milreis, soit 5.100.000 francs environ. Il convient de dégager de suite que sur cette somme les actions d'apports entraient pour une somme énorme, tandis qu'au dernier bilan, publié lors de l'émission, il restait sur ce montant à verser 129.880 francs, ce qui permet de présumer, tout de suite, que le capital n'avait été souscrit qu'avec discrétion, ce en quoi se retrouve une fois de plus la qualité maîtresse de cette mystérieuse Compagnie.

Par contre, si le capital-actions avait été discrètement souscrit, ce fut avec une intempérance toute brésilienne qu'on emprunta. On emprunta tant qu'on put, l'on emprunta jusqu'à 45 millions !

Et devant ce chiffre ; admirons doublement.

Admirons que pour desservir 248 kilomètres et en construire 160 autres il faille, tous capitaux réunis : 50 millions 100.000 francs.

Evidemment le plaisir de voir une ligne ferrée courir dans les districts municipaux de Ribeira Bonito, Dourado, Boa, Esperança, Ibitinga, Boa Vista Las Pedras ne saurait se payer trop cher, mais que voilà donc des kilomètres dispendieux pour une rémunération aussi aléatoire que celle que l'on pouvait attendre des récoltes de café.

Admirons encore le prodigieux écart existant entre le capital-actions et le capital-obligations de cette étrange Compagnie : 45.000.000 d'obligations et 5 millions d'actions. C'est avec raison que lors de l'émission des esprits clairvoyants firent ressortir combien ce mode de procéder était distant de nos meilleures manières françaises. Par un court tableau faisons saisir les deux méthodes ;

Compagnies	Capital-actions	Capital-obligations
Chemins de fer Nogentais	13.300.000	7.950.000
Tramways du Var et du Gard	4.000.000	3.753.700
Saint-Etienne-Firminy-Rive-de-Giers	6.000.000	4.380.000
Chemins de fer de la Drôme	4.500.000	5.000.000
Chemin de fer de Dourado	*5.000.000*	*45.000.000*

Voilà qui permet de juger des façons différentes d'agir. D'une part nous avons sous les yeux des Compagnies françaises de chemins de fer d'intérêt local et d'autre part nous avons une Compagnie brésilienne. Leur importance est sensiblement égale. Mais, tandis que dans les Compagnies françaises, pour la presque unanimité des cas, le capital-actions est d'autant plus engagé qu'il est supérieur aux capital-obligations, dans la Compagnie Brésilienne le capital-obligations se trouve dans la proportion de 90 o/o et le capital-actions dans celle plus sûre de 10 o/o.

La *Circulaire de la Banque Privée*, à qui dorénavant rien n'aura manqué pour être, si l'on peut dire, le *Moniteur Officiel des Chemins de fer Exotiques*, publiait ingénument à la date du 3 octobre 1912, à propos de l'emprunt de *Dourado* : « L'emprunt que la Société se propose de réaliser a pour objet l'achèvement du réseau et le remboursement d'un emprunt antérieur de 8 millions de milreis en obligations de 7 o/o première hypothèque, seule charge actuelle de la Société. »

Ce que la cette même circulaire ne disait pas, et ce qu'il aurait fallu dire, c'est que cet emprunt obligataire de 7 o/o première hypothèque avait été contracté au Brésil, et qu'au Brésil cette Compagnie n'avait pas pu emprunter à moins. Et si le Brésil ne prêtait pas à moins de 7 o/o à la *Compagnie de Dourado*, c'est que le crédit d'icelle ne valait pas grand'chose, et alors il n'était peut-être pas opportun d'infester les portefeuilles français avec cette valeur de quinzième ordre.

Et quand nous disons que l'obligation 5 o/o *Chemin de fer de Dourado* n'est qu'une valeur de quinzième ordre, c'est la seule politesse que l'on doit aux étrangers qui nous mène — car nous pourrions aussi véridiquement écrire que l'obligation 5 o/o *Chemin de fer de Dourado* est une valeur de vingtième ordre.

Quel intérêt peut présenter, je vous prie, un chemin de fer d'intérêt local dont le but unique est de transporter des sacs de café, quand tout le monde sait que tous les pays à culture unitaire sont voués aux crises économiques les plus redoutables et que les résultats des Compagnies qui prétendent y concourir n'y sont jamais que des résultats instables.

Mais ne terminons pas sans rendre un juste hommage aux rédacteurs des factums qui furent commis en faveur de ce mauvais titre. On lisait en effet, dans certaines notes inspirées : « Rappelons que l'emprunt total émis par la Compagnie comporte 60.000 obligations et que 16.000 de ces titres ont déjà été pris ferme au Brésil et placés par les soins de M. Léonidas Moreira, syndic des agents de change de Sao-Paulo. »

Cette phrase à l'effroyable grandeur complexe d'une sentence d'Hamlet. On ne sait vraiment ce qui vous surprend le plus : ou de voir ces Paulistes se précipiter en masse vers des obligations 5 o/o qui permettront à la Compagnie de ne plus leur verser 7 o/o (c'est du sacrifice héroïque à s'y méprendre), ou de voir l'aisance incomparable avec laquelle M. le Syndic des agents de change de Sao-Paulo place rapidement 16.000 titres dans sa clientèle — ô M. de Verneuil ! — ou encore de deviner la damnable indifférence de MM. les Agents de Change de Sao-Paulo, qui, de glace pour ce précieux papier, n'ont pu à eux tous placer un seul titre, quand leur syndic, brûlant de zèle, en a colloqué 16.000 à d'innocents planteurs, qui manifestement ne venaient pas de Caïffa... Mais M. le Syndic se prénomme Léonidas, et cela vous a un relent de l'énergie des Thermopyles.

Nous avons, en terminant ce genre de notules, coutume de placer sous les yeux du lecteur le cours d'émission et le cours actuel. Ici c'est impossible. Car si le prix d'émission fut de 465 francs ; le cours actuel n'existe pas.

Les émetteurs eurent en effet la prudence de ne pas faire coter leurs titres, ce qui facilite tout naturellement aux souscripteurs le doux devoir de les garder.

***

San Paulo and Minas Railway Cy Ld est une compagnie anglaise qui a fait peu de bruit. Elle possède une ligne insignifiante qui, dans la région des caféiers, joint les deux Etats de Sao Paulo et de Minas Geraes.

Cette Société n'a ni passé, ni présent, ni avenir. Bien que rapportant 6 o/o le titre; qui ne figure que dans la *Cote de la Bourse et de la Banque*, est porté comme ayant coté au dernier cours 348. C'est plus de 100 francs de perte pour les souscripteurs. Mais nous doutons fort, du reste, qu'à ce prix on puisse s'en défaire.

***

Le *Chemin de fer du Nord de Sao Paulo* a plus d'envergure. De son vrai nom cette Compagnie se nomme *Companhia Estrada de Ferro de Araraquara*. Elle fut fondée en 1896 pour une durée de 90 ans au capital de 2.000 contos de reis pour l'exploitation d'une concession de 82 kilomètres qui devait relier Araraquara à Taquaritinga. Le capital de 2.000 contos de reis (3.140.000 francs) grugé par les apports rendait impossible l'établissement de la ligne et ce d'autant plus que des concessions nouvelles avaient étendu la concession primitive sur 300 kilomètres.

En 1907, dès lors le capital fut porté de 2.000 contos à 3.000 contos de reis divisé en 150.000 actions de 200 milreis.

Bien qu'elle eût accumulé les profits, du moins

elle le disait, la *Companhia Estrada de Ferro de Araraquara* se trouva obligée d'emprunter sans cela eût-elle été brésilienne ?

Elle emprunta donc et d'abord sur le marché de Londres.

Ceci se passait en 1909. En 1909, Londres accueillait encore des emprunts brésiliens. Certes il ne les accueillait plus avec l'enthousiasme d'antan, car Londres se rendait compte que les Brésiliens empruntaient beaucoup, mais il les accueillait tout de même. Il est vrai que si Londres prêtait c'était encore à un taux assez élevé.

Aussi quand la *Companhia Estrada de Araraquara* (*Chemins de fer du Nord de Sao Paulo*) sollicita, les banquiers de la Cité lui laissèrent entendre qu'à moins de 6 o/o, il n'y avait pas à s'illusionner, l'*old England* ne s'intéresserait pas le moins du monde à ses petites affaires. *Le Nord de Sao Paulo* avait pu en très peu de temps — du moins il le disait — économiser beaucoup d'argent, il en avait même tellement économisé qu'il avait pu — toujours suivant son assurance — porter son capital de 2.000 contos de reis à 3.000 contos, et comme il avait beaucoup économisé, sans doute il n'en avait pas besoin du tout, et c'est pourquoi il en empruntait à n'importe quel prix, voire à 6 o/o. Ce raisonnement est un peu extravagant. Après tout il vaut l'histoire de Gavroche que vous connaissez : « Poil aux Pattes était marchand de meubles. Il en vendait tellement qu'il fut obligé de vendre les siens. » Les hommes de finances brésiliens, moins l'ironie, raisonnent à la façon de Gavroche. Quel dommage que du temps de Daumier ou de Gavarni, même de Cham, ces maîtres incontestés eussent ignoré les méthodes des financiers Brésiliens !... De quels chefs-d'œuvre, cette ignorance nous a privé.

Donc le *Nord de Sao Paulo,* à qui l'accumulation des profits non distribués avait permis de porter le capital de 2.000 contos à 3.000 contos — et ce, sans aucun doute, pour l'impénétrable plaisir d'augmenter son capital et de distribuer moins aux actions primitives — n'ayant pas besoin d'argent emprunta à Londres au taux de 6 o/o £ 600.000, soit 15.000 000 de francs.

On le voit, la bonne gestion financière continuait : on possédait 3.140.000 francs de capital, et l'on empruntait 15.000.000.

Henry Lowenfeld, qui passe dans les pays des langues anglaises pour une autorité financière, a écrit dans un de ces volumes : « Il n'y a pas de danger à prêter 1.000 francs à quelqu'un qui possède 50.000 francs. Mais c'est plus risqué, s'il ne possède que 5.000 francs, et c'est dangereux si l'emprunteur ne dispose pour tout avoir que d'un millier de francs » (1).

Il est bien dommage, vraiment, que ces vérités de M. de La Palisse ne soient pas mises en pratique par les gens qui parlent portugais dans le bassin de l'Amazone, il est plus fâcheux encore que les souscripteurs français ne s'en inspirent jamais.

(1) HENRY LOWENFELD. — *Comment choisir, comment gérer ses placements ?* Félix Alcan. Editeur.

Quoiqu'il en soit, en 1911, la Compagnie, qui trouvait qu'il était positivement regrettable de payer à Londres 6 o/o de l'argent qu'on emprunte, alors que l'on peut avoir beaucoup plus d'argent à Paris, pour 5 o/o, se décida à placer de ce côté-ci de la Manche 60.000 obligations de 504 francs du type 5 o/o. Ce qui formait un ensemble de 30.240.000 francs. Ainsi l'appétit vient en mangeant. A Londres l'on n'avait osé émettre pour un capital de 3.140.000 francs que 15.000.000 d'obligations; à Paris, l'on y allait de 30.240.000 francs. A Londres, le capital-obligations n'était que le quintuple du capital-actions; à Paris, où l'on a pas à se gêner, le capital-obligations devenait le décuple.

C'est en 1911, avons-nous dit, que fut lancée ici l'émission de 60.000 obligations destinées à rembourser en premier lieu l'emprunt de Londres. Or, à Paris, la loi française exige que soit publié le dernier bilan de la Compagnie. Aussi le *Journal officiel* du 13 mars publiait le bilan suivant à la date du 31 décembre 1909 :

BILAN AU 31 DÉCEMBRE 1909

Actif	(En milreis)
Voies ferrées et équipements	6.517.387.646
Matériaux pour la construction	478.789.036
Mobilier et divers	37.645.183
Immeubles	16.586.000
Actions de cautionnement	30.900.000
Ligne Rio Preto à Cuyaba	57.904.100
Emprunt intérieur versements dus	819.343.137
Emprunt extérieur versements dus	8.038.300
Débiteurs divers	735.929.692
Total	8.701.623.094

Passif

	(En milreis)
Capital	3.000.000.000
Emission d'obligations	4.000.000.000
Gouvernement de l'Etat	356.000.000
Impôts fédéraux et provinciaux	67.277.110
Comptoir central	34.866.920
Cautionnement des directeurs	30.000.000
Créditeurs divers pour travaux	892.121.080
Profits et Pertes. Solde reporté à 1910	321.257.384
Total	8.701.623.094

De prime abord, ce bilan n'apparaît pas dévoiler une situation financière très saine. D'abord les immobilisations sont énormes, puisqu'elles atteignent 7.137.311 milreis 965 sur un actif global de 8.701.623 mr 094, ce qui ne laisse comme actif disponible ou réalisable que 1.564.311 mr. 129, et d'autre part c'est bien vainement qu'on rechercherait comme contrepartie de ces immobilisations très lourdes le moindre compte : réserves ou amortissements. Notons bien surtout que la société ne date pas d'aujourd'hui, qu'elle remonte à 1896, et que par conséquent en *treize années* elle n'a pas su mettre en prévision d'immobilisations croissantes le moindre réal.

Le passif n'est pas encourageant. Défalqué le capital de 3 mille contos de reis, il reste une dette obligataire, soit à longs termes de 4.000 contos (qui depuis est devenue une dette de 30.240.000 francs, soit près de 20.000 contos) et comme dette à court terme 1.345.398 : 790. Rapproché ce chiffre de l'actif disponible et réalisable cette dette à court terme laisse un fonds de roulement de

218.312 mr 339, soit en chiffres ronds 343.830 francs. C'est peu.....

Emises à 470 francs les obligations *Nord de Sao Paulo* se traitent actuellement à 375. Etant donnée la situation financière de la Compagnie, c'est encore là un cours beaucoup trop élevé.

CHILI

CHAPITRE IX

CHEMINS DE FER CHILIENS

The Eastern Central Railway Company

Nous avons très peu de valeurs chiliennes inscrites à nos cotes : trois fonds d'Etats, trois valeurs nitratières (Nitrate Railway, Lautaro Nitrate, Lagunas Nitrate), c'est tout.

Le Chili n'a point abusé des capitaux français, d'autant que les valeurs nitratières dont il est parlé ci-dessus sont des entreprises anglaises dont seule l'exploitation est chilienne.

C'est dans ces conditions favorables que *The Eastern Central Chilian Railway Company Limited* (*Est Central Chilien*) fit son apparition sur notre marché.

Cette Compagnie anglaise a été constituée à Londres, le 19 mars 1910, pour construire et exploiter des chemins de fer, des tramways, des lignes télégraphiques et téléphoniques, etc., etc., au Chili. Lors de son apparition, elle fut assez favorablement accueillie. Le Chili tend de plus en plus à devenir un vassal économique de l'Allemagne, et il ne parut pas mauvais qu'une autre influence essayât de s'y faire sentir.

Par malheur, *The Eastern Central Chilian Ry* commença de suite à commettre de ces fautes insignes qui devaient détourner d'elle les sympathies actives et les appuis précieux.

Le capital de la nouvelle Société était fixé à £ 240.000 (6.000.000 de francs) divisé en 240.000 actions de £ 1. Sur ces 240.000 actions 200.000 furent attribuées en actions d'apports, ce qui veut dire en chiffres que 5 millions de francs furent remis aux fondateurs ; quant aux 40.000 autres elles restèrent à la souche, ce qui veut dire qu'en fait, cette Compagnie n'avait pas de capital du tout.

Malgré cela, elle se proposait d'exploiter une voie ferrée, et les déclarations officielles étaient assez précises pour indiquer que cette voie ferrée devait relier le port de Lebu d'une part avec la province d'Arauco — riche en houille et minerai — et d'autre part avec Las Sauces en traversant la fertile province de Malleco qui est grenier à blé du Chili.

Tout cela était bel et bon à dire sur le papier, mais hélas ! tout cela doit être difficile à réaliser. En fait, une fois publiées au *Journal officiel*, les déclarations requises et ce le 11 avril 1910, une fois placées en France 41.625 obligations de £ 20 chaque, la Compagnie, imitant de Conrart le silence prudent, ne donna plus pendant longtemps de ses nouvelles.

Au début de juin 1913, elle éprouva le besoin de

réveiller brusquement l'attention par un câblogramme ainsi conçu : « Société forcée arrêter paiement coupons et travaux ; mesures sont prises pour sauvegarder intérêts porteurs, ainsi que la ligne. »

Ce câblogramme sensationnel fut suivi un mois après de l'information suivante :

On annonce que la Haute-Cour de justice, à Londres, vient de prendre, à la demande de *The Brazilian Railway Trust limited*, agissant pour son propre compte et pour celui de tous autres détenteurs des obligations or 5 p. c., première hypothèque de *The Chilian Eastern Central Railway*, la décision suivante. Ordonne :

1. L'établissement du compte de ce qui est dû à la défenderesse et aux détenteurs (s'il en existe) desdites obligations ;

2. Une enquête pour établir l'actuel dépositaire et la nature des biens affectés à la garantie de ces obligations ,

3. Une enquête pour établir les charges autres que celles résultant de ces obligations, grevant tout ou partie des biens servant de garanties à ces titres.

Les détenteurs d'obligations or de première hypothèque *The Chilian Eastern Central Railway Co Ltd* sont requis de faire connaître, au plus tard le 18 août 1913, à sir William Barclay Peat, séquestre et administrateur désigné par le tribunal, 11, Ironmonger Lane, à Londres, leurs noms et adresses, ainsi que les numéros de leurs obligations et le montant dû en principal et intérêt ; ces détenteurs doivent également produire lesdites obligations au séquestre, à l'adresse ci-dessus, entre 10 h. du matin et 4 h. de l'après-midi, l'un quelconque des jours ci-après mentionnés, à savoir : les 25, 26, 27, 28 et 29 août 1913.

Comme l'obligation *Est Central Chilien* avait

été placée concurremment à Paris et à Bruxelles, les obligataires belges se réunirent vers la fin de juin en assemblée pour former un comité de défense.

De l'enquête menée par l'un d'entre eux, il résulta que la construction de la voie aurait été poussée assez lentement, puisque le *premier tronçon de la ligne* qui devait être livré au trafic fin 1911 n'était pas achevé en mai 1913 et que pour l'achever il manquait 1 million. Quant au *second tronçon*, qui devait être livré en 1913, il manquait 3 millions pour le mener à terme. Or il fallait que ce second tronçon fût livré pour que fût acquise la garantie du gouvernement chilien.

La Compagnie au reste fut incapable de trouver l'argent nécessaire pour poursuivre ses travaux et d'autre part, elle se débattait dans de nombreuses difficultés avec ses propres entrepreneurs, vis à vis desquels elle n'avait pas exécuté les termes du contrat qui la liait à eux.

Emises au prix de 457 francs les obligations *Est Central Chilien* ne se négocient que très difficilement au Marché des Pieds Humides » aux environs de 75 francs. Les porteurs n'ont, après tout, perdu que 400 francs par titre. Si, après ce coup du sort, ils éprouvent encore le besoin de confier leur économies aux entreprises lointaines, c'est qu'ils sont incorrigibles.

URUGUAY

CHAPITRE X

CHEMINS DE FER URUGUAYENS

The Uruguay East Coast Railway Company

Moins encore que le Chili, l'Uruguay n'a abusé de l'épargne française. C'est tout juste si les fonds de cet état sont inscrits à nos cotes. Toutefois il s'est trouvé une Compagnie anglaise qui vint en 1909 leur demander l'hospitalité.

On sait l'extraordinaire facilité avec laquelle en Angleterre se constituent les sociétés. Pétrie d'esprit libéral la législation d'outre-Manche n'offre que peu d'obstacles aux fantaisies des lanceurs d'affaires. Aussi bien quand la législation de Londres apparaît encore trop rigoureuse, il y a celle de Guernesey qui offre de plus grandes licences.

De telle sorte que, il n'est personne n'ayant devant soi 200 ou 300 livres sterlings, qui ne soit capable de monter une petite société déjà confortable. Que si l'on possède £ 2.000 ou 3.000, alors il n'est pas un sollicitor de la Cité qui ne se fasse fort de vous trouver quelque honorable « Member of Parliament », qui ne vous puisse servir fort congrument de *sherman*. Il est vrai toutefois que s'il est pris dans *the House of Lords* cela coûte plus cher.

Ceci posé vous avez droit de prétendre à forer des puits de mines dans les îles Sandwich ou de couvrir de rails la Terre de Feu ; vous avez surtout le droit d'émettre des obligations avec un capital à peine souscrit et d'inonder les cinq parties du monde de vignettes qui tirent leur seul attrait de la langue de Shakespeare, qui les adorne.

Or, en 1909, on lisait dans les journaux financiers, sous la rubrique « Emissions et introductions » :

THE URUGUAY EAST COAST RAILWAY, CY LTD. — *Analyse du memorandum d'association et des statuts.* — Suivant certificat délivré le 30 juin 1909 par le *Registrar of Joint Stock Companies*, il a été enregistré à Londres le 14 juillet 1908, une Société anglaise à responsabilité limitée dénommée : *The Uruguay East Coast Railway Cy, Ltd.*

Elle a pour objet principal l'acquisition du gouvernement de la République orientale de l'Uruguay ou l'achat de toute compagnie ou personne y ayant droit d'un contrat ou concession pour l'exploitation d'une ligne de chemin de fer existant dans ladite république, allant d'Olmos junction à la Sierra et pour la construction, l'exploitation et l'équipement des prolongements de cette ligne de la Sierra à Maldonada et à Rocha et ailleurs, et notamment de passer et exécuter une convention qui a déjà été préparée et qui est énoncée comme passée entre *The Uruguay Great Eastern Railway Company limited* d'une part, et la compagnie d'autre part. D'autres objets accessoires sont énumérés à l'article 3 du memorandum d'association.

Le siège social est en Angleterre. Le capital social est de £ 125.000 divisé en 125.000 actions de £ 1 sur lesquelles 1.204 ont été souscrites par les fondateurs lors de la constitution de la Société.

L'article 76 des statuts indique que les administrateurs, conformément à la convention mentionnée à l'article 3 du memorandum d'association, créeront une série d'obligations de première hypothèque, produisant tel intérêt, à tout taux n'excédant pas 6 p. 100 par an, et d'un montant n'excédant pas une valeur nominale de £ 315.000, limite qui pourra être augmentée de £ 5.000 pour chaque kilomètre de chemin de fer construit ultérieurement en vertu de la nouvelle concession mentionnée à ladite convention, en excès de 63 kilomètres. En outre, les administrateurs créeront une série de stock d'obligations de revenu d'un montant nominal total de £ 184.980 produisant un intérêt au taux de 4 p. 100 par an, payable exclusivement sur le revenu net de la Compagnie.

L'assemblée générale annuelle sera convoquée par un avis publié 7 jours au moins à l'avance ou adressé par la poste aux actionnaires.

La Compagnie, réunie en assemblée générale, pourra décider la distribution des dividendes; mais, aucun dividende n'excédera le montant recommandé par les administrateurs qui pourront en outre prélever, avant toute distribution, différentes sommes destinées à la création de réserves spéciales.

Le Conseil d'administration doit être composé de 3 membres au moins et de 6 au plus, représentant en égales proportions chacune des trois catégories de titres de la Société (obligations 1re hypothèque, stock d'obligations de revenu, actions). Les premiers administrateurs sont MM. *George Grinnel-Milne*, banquier, 6, Princess Street, Londres, E. C., représentant les propriétaires d'obligations de première hypothèque, *Guy Hannaford*, 564, Salisbury House, London Wall, à Londres, représentant les propriétaires de stock d'obligations de revenu et *Alfred Frewin*, 34, Abercorn Place, Londres, N. W., représentant les actionnaires. *Memorandum d'association et statuts publiés au Bulletin annexe au Journal officiel de la République française du* 9 *juin* 1909.

Le siège social enregistré est à Londres, 564, *Salisbury House, London Wall.*

Le secrétaire est M. Woroley R. W., *à Salisbury House, Londres, E. C.*

La convention préparée dont la passation répond à l'objet de la Société a été passée le 17 *juillet* 1908 *entre* The Uruguay Great Eastern Railway Company limited (*l'ancienne Compagnie*) *et* The Uruguay East Coast Railway Company limited (*nouvelle Cie*). *La première au capital de* £ 125.000 *avait émis seulement* 120 *actions et pour* £ 308.300 *d'obligations. Elle a cédé à la seconde le bénéfice de sa concession remaniée, les lignes, le matériel, moyennant* £ 309.620 *payables en actions, en obligations, en espèces, ainsi qu'il a été dit à l'assemblée statutaire du* 21 *octobre dont il est question ci-après :*

L'assemblée statutaire s'est tenue à Londres le 21 *octobre* 1908, *et, d'après le rapport qui lui a été présenté, il résulte que sur les actions de* £ 1 *formant le capital social,* 1.560 *étaient souscrites. Les* 123.440 *actions de surplus ont été, conformément à un contrat en date du* 17 *juillet* 1908, *attribuées comme entièrement libérées, avec* £ 184.90 *de stock d'obligations de revenu et* £ 1.200 *en espèces, à la* Uruguay Great Eastern Railway Cy Ltd (*en liquidation*) *en représentation de tout son actif.*

Les dépenses préliminaires de la Compagnie sont évaluées à £ 900 (N. D. L. R.).

De ce texte assez peu limpide il résultait que *The Uruguay East Coast Ry Cy Ld* (*Chemin de fer de la Côte Orientale de l'Uruguay*). constituée le 14 juillet 1908 avait pour objet l'acquisition et l'exploitation du chemin de fer précédemment exploité par *The Uruguay Great Eastern Railway Company*, laquelle n'avait pas réussi.

Il résultait en outre que le capital de la Société nouvelle était de £ 125.000 divisé en 125.000 actions de £ 1 sur lesquelles £ 123.400 en actions libérées étaient remises à la Société apporteuse, plus £ 1.200 en espèces et en outre £ 184.980 en obligations en échange de l'actif. Ce qui veut dire d'une part que les actions libérées pour acquisition des apports ne laissaient plus à souscrire que 1560 actions de £ 1 soit £ 1560. Comme sur les 1560 actions à souscrire, il fallait encore prélever £ 1200 en espèces, toujours pour solder l'acquisition du bien fonds de l'*Uruguay Great Eastern*, la Société nouvelle ne jouissait plus comme capital liquide que de £ 360 soit sur un capital de 3.125.000 francs un reliquat de 9000 francs.

Encore cela ne suffisait-il point et sur un montant total de £ 315.000 d'obligations fallait-il en remettre, immédiatement £ 184.980 ce qui ne laissait plus que £ 130.020 à la disposition de la Compagnie.

Ce qui se résume ainsi l'achat de la concession s'est élevé à £ 309.620 (7.740.500 francs) sur un capital global de £ 440.000 (11.000.000), de sorte que pour l'exploitation, il restait tout juste à la Compagnie £ 140.380 (3.260.000 francs) dont il fallait défalquer du reste les frais de constitutions, les frais d'émission, de commissions, de publicité, etc. etc.

Dire qu'il se trouve de par le monde des gens assez

simples d'esprit pour s'étonner que certaines affaires ne réussissent pas.

Les résultats connus de cette Société s'établissent ainsi :

Années	Exploitation			Cours des obligations	
	Recettes	Dépenses	Prof. br.	pl. haut	pl. bas
1909........	»	»	»	475 »	461 »
1910........	»	»	»	475 »	432 50
1911........$	128.218	99.405	28.613	465 »	429 »
1912........	176.607	143.443	33.164	»	»

C'est rien moins que brillant. Nous avons dit en effet que cette Société avait mis en circulation 15.750 obligations 5 o/o. Leur service d'intérêt exige donc 5 dollars par titre, soit 78.750 dollars par an. La Compagnie réalisant la première année 28.613 dollars se trouvait donc sur ce seul chapitre en débet de 50.137 dollars, l'année suivante [illegible] et atteignait 57.723 dollars ; elle était déjà presque d'une annuité en retard. Quoi d'étonnant dès lors qu'en 1912 les obligations n'aient plus coté.

Ce titre est aujourd'hui pratiquement invendable. Encore là une intéressante affaire où s'est intéressée l'épargne française.

ÉTATS-UNIS

CHAPITRE XI

CHEMINS DE FER AMÉRICAINS

Saint-Louis and San Francisco. — New-Orléans Mobile Chicago. — Cherryvale Oklahoma and Texas. — Bingham Central Railway. — Florida Railway. — Yosémite Short Line. — Cairo and Norfolk. — Georgia South Western.

Nous ne devons pas seulement aux Américains du Nord la mode des visages glabres, le goût des bottines évasées et l'art composite de brasser des coktails, nous leur devons aussi une série de chemins de fer qui n'ont rien à envier au point de vue malchance — c'est là le moins que l'on puisse dire — à ceux des Américains du Sud que nous venons d'étudier.

Mon Dieu, il n'y a pas lieu de trop en paraître surpris ni de s'en émouvoir; car enfin, comment les Compagnies de chemins de fer pourraient-elles être, dans ce pays de fortune rapide, des Compagnies honnêtes en leurs engagements, quand les Etats de l'Union sont les premiers à ne pas tenir les leurs? L'Alabama, l'Arkansas, la Floride, la

Géorgie, la Louisiane, le Mississipi, la Caroline du Nord et la Caroline du Sud, la Virginie occidentale n'ont jamais éprouvé le besoin de s'inquiéter de leurs signatures, pas plus du reste que l'Etat fédéral n'a jugé à propos de les rappeler à ces règles un peu strictes du doit et avoir qui, théoriquement, ne doivent pas coûter beaucoup dans l'application aux descendants des puritains d'Ecosse qui ont fondé la libre Amérique. Dès lors, toute fantaisie est permise sous des législations un peu singulières aux Compagnies qui désirent placer en dehors des Etats-Unis les papiers obligataires sortis des presses de leur imprimeur.

***

En Amérique, dans l'intimité, on l'appelait le *Frisco*, mais ici le public ne la connaissait que sous le titre imposant de *Saint-Louis and San Francisco Railroad Company*. Avec son nom par moitié français, elle séduisait. Elle nous était sympathique, encore, parce qu'elle desservait ces états du Missouri, du Texas, de l'Arkansas qui tous, furent colonisés par des Français, du Kansas qui fut colonisé par des Canadiens français et que ses lignes voisinaient avec les rives du Mississipi qui dictèrent de si belles pages au génie romantique de M. de Chateaubriand.

Dès lors, elle nous paraissait un peu nôtre, et, quand elle nous empruntait, nous lui faisions bon accueil.

Sa réputation, du reste, était bonne et son crédit paraissait du meilleur aloi, pourtant elle avait eu des origines un peu troubles.

La ligne principale du *Saint-Louis and San-Francisco* avait déjà fait partie de plusieurs réseaux quand fut constitué en 1876 le *Saint-Louis and San-Franscisco Railway*. Par suite de ses « amalgamations », si en usage de l'autre côté de l'eau, cette Compagnie passa sous le contrôle de l'*Atchinson Topeka and Santa Fé* en 1890. L'*Atchinson Topeka and Santa Fé* connut peu après les malheurs inhérents — il faut croire — à toutes les Compagnies de Chemin de fer américains. Elle fut remise entre les mains des liquidateurs judiciaires qui la réorganisèrent. A son tour, le *Saint-Louis and San Francisco Railway* fut remanié en 1896 et prit sa dénomination actuelle de *Saint-Louis and San Francisco Railroad.*

Cette opération parut lui porter bonheur, et le *Frisco* acquit alors le contrôle du *Kansas City, Fort Scott and Memphis R.* et du *Chicago and Eastern Illinois R.*

En 1903, le *Frisco* passait à son tour sous le contrôle de la *Rock Island Co* qui acquit la presque totalité de ses actions ordinaires, peu de temps après que cette même *Rock Island* eut acquis, par les mêmes moyens, le contrôle du *Chicago Rock Island and Pacific Railway*. Par suite de cette combinaison, les porteurs d'actions ordinaires *Saint-Louis San Francisco* se virent attribuer 60 dollars en actions ordinaires de la *Rock Island*

C° et 60 dollars d'obligations 5 o/o de la *Chicago Rock Island and Pacific Railway C°.*

Cette union de *Frisco* et de la *Chicago Rock Island* ne donna que de médiocres résultats ; aussi, en décembre 1909, la *Rock Island C°* se décida-t-elle à vendre au groupe Hawley le paquet d'actions ordinaires *Saint-Louis San Francisco* qu'elle avait acquis six ans auparavant.

Et l'on peut dire que c'est de là que vient aujourd'hui tout le mal. M. Hawley, mort depuis, a laissé de son passage à la tête des chemins de fer américains des souvenirs un peu mêlés. Son activité était très grande, mais non moins grande aussi sa témérité. Pendant un certain temps, ce fut à lui que fut confiée la succession Harrimann ; il ne se signala pas dans cette très lourde tâche, par ses qualités d'administrateur. Grand brasseur d'affaires, partisan résolu de la politique de fusion des lignes, d'amalgamation des compagnies, M. Hawley ne put jamais songer à la consolidation de l'œuvre accomplie, consolidation si nécessaire dans les entreprises financières de quelque envergure. M. Hawley, et on le vit bien pour le *Colorado and Southern Ry*, pour le *Chicago and Allon Ry*, pour la *Chesapeake and Ohio*, préférait distribuer de ces dividendes qui, immanquablement, produisent de fortes oscillations dans Wall-Street, plutôt que de procéder à des amortissements qu'il eût été, cependant, prudent de pratiquer.

Quoi qu'il en soit, le *Saint-Louis and San Francisco* usa largement de l'emprunt. Il serait fastidieux, du reste, d'en reprendre en détail la nomenclature. Contentons-nous de relever le total du capital-actions et obligations tels qu'ils ressortent du bilan au 30 juin 1912.

Capital-actions	$	95.143.300 »
Capital-obligations	$	300.091.623 70
Total	$	395.235.923 70

La Compagnie, à cette date, disposait donc de 395.235.923 dollars 70 cents sur lesquels figuraient les obligations pour 1.548.674.340 fr. 70.

Ce chiffre, quoique respectable, dut paraître insuffisant à la Compagnie, puisqu'elle éprouvait en avril 1913 le besoin de contracter une dette nouvelle de 30.000 obligations de 100 dollars, soit d'un montant nominal de 15.480.000 francs, ce qui portait à l'avenir le montant global de la dette obligataire à 1.564.154.340 fr. 70.

Pour faire face à cette dette énorme, la Compagnie possédait un réseau de 12.100 kilomètres, qui servait de garantie.

Les émetteurs firent alors valoir que « pour les 9 premiers mois de l'exercice en cours, c'est-à-dire du 1er juillet 1912 au 31 mars 1913, les recettes brutes se chiffraient par 35.144.090 dollars, supérieures de 2.752.000 dollars à celles de la même période de l'exercice précédent; quant aux recettes nettes, elles s'élevaient à 10.500.000 dollars, en augmentation de 1.413.000 dollars. » Mais ce que les émetteurs ne disaient pas, mais dont on pouvait se rendre compte en feuilletant les rapports de la Compagnie, c'est que les profits qui, en 1907, se chiffraient par 4.158.000 dollars étaient tombés en 1912 à 1.535.000 dollars, cependant que, durant le même laps de temps, les taxes de 897.000 dollars avaient passé à 1.812.000 dollars. Ce que les émetteurs ne disaient pas non plus, c'est que le bilan publié au *Bulletin des Annonces Légales obligatoires* en date du 7 avril 1913 faisait ressortir une trésorerie des plus gênées pour un aussi vaste réseau.

Mais ce ne fut peut-être là qu'un oubli, et aussi bien les souscripteurs ne demandent point tant d'explications précises. Le souscripteur a de l'argent à placer, alors il le place n'importe où, à la façon de ces avares, qui mettent des liasses de billets de banques aussi bien dans leur armoire à glace que dans leur matelas.

Il n'y a pas tant de siècles, l'Europe attendait des Amériques les galions d'or où les Conquistadores entassaient de fabuleuses richesses, aujourd'hui les businessmen du nouveau continent attendent à leur tour les paquebots venant d'Europe sur lesquels les petits rentiers accumulent leurs minces fortunes. L'Histoire est un perpétuel recommencement...

Quoi qu'il en soit, il est tout à fait probable que le total du dernier emprunt n'avait pas encore pris intégralement le transatlantique quand on reçut d'outre-mer le petit communiqué suivant :

La maison Speyer and C°, de New-York, communique que, sur l'initiative de la Compagnie Saint-

Louis San-Francisco, la gestion des affaires de la Compagnie a été confiée, par le tribunal, à M. B. L. Winchel, président, et à M. Thomas H. West, administrateur de la Compagnie.

Cette mesure a été prise dans le but de procéder à une réorganisation.

Dans leur télégramme, MM. Speyer and Co déclarent que, à leur avis, les obligations 5 0/0 *Saint-Louis San-Francisco Général Lien* n'auraient pas à souffrir des modifications envisagées par la Compagnie, *et ils offrent d'avancer le prochain coupon, échéant au* 1er *novembre* 1913, *sur toutes celles de ces obligations qui seront déposées chez les banques désignées par eux.*

De leur coté, MM. W. Salomon and Co télégraphient que des mesures conservatoires sont également prises en ce qui concerne les obligations 4 1/2 0/0.

Voilà, ce ne fut pas plus difficile que cela. Il faut, du reste, admirer comme les Yankees sont gens pratiques, et ce qui a bien son prix, expéditifs. Les choses, autant qu'on le peut savoir — et les choses ne se savent pas aussi aisément qu'un vain peuple pense — ont dû se passer ainsi.

M. Thomas West, président de la *Saint-Louis Union Trust Cy*, introduisit auprès du tribunal une demande de nomination de « receivers » (liquidateurs) en se basant sur l'incapacité où se trouvait la Compagnie de faire face à une échéance de 2.500.000 dollars de « notes à court terme » échéant le 1er juin. Cette demande fut agréée immédiate ment par le tribunal qui nomma comme liquidâteurs du *Frisco* M. Thomas West et M. B. L. Winchell, directeur de la Compagnie, en attendant que la Cour du district fédéral nomme un troisième liquidateur.

Maintenant, reste à savoir comment une compagnie disposant de près de 400.000.000 de dollars de capital n'arrive pas à se faire ouvrir en banque un crédit de 2.500.000 dollars, quand elle possède 12.100 kilomètres de voies ferrées et que ces recettes nettes pour 9 mois d'exercice atteignent 10.506.000 dollars. Ce serait à coup sûr un mystère, si l'on ne savait qu'en Amérique se livrent autour des Compagnies de Chemins de fer des luttes d'influence, qui ne sont pas mortelles seulement pour ceux qui s'y livrent.

Dans l'interview qu'il accordait le 31 mai à *The New York Herald,* M. de Verneuil, syndic des agents de change de Paris, faisait entendre aux financiers d'au-delà l'Atlantique de sages avertissements. Il disait, notamment :

« Je regrette d'autant plus les incidents que vous me relatez, se référant au *Saint-Louis and San-Francisco Railroad,* que dès la première heure j'ai été un ami des émissions sérieuses américaines. Le *Pennsylvania* a trouvé chez moi un chaud partisan. Les Etats-Unis sont un grand pays ; ses ressources sont immenses, inépuisables ; je n'ai pas changé d'opinion sur la valeur du pays, j'ai changé d'avis sur la valeur morale des individus.

« Les agissements des financiers américains

portent un grand préjudice à l'épargne française, qui est si souvent sollicitée et qui écoute trop facilement les entreprises étrangères ; par leur conduite irréfléchie, je crains fort que, pour le futur, d'autres émissions américaines, même au-dessus de tous soupçons, ne puissent plus être acceptées par le public français. Présentez demain des « bonds » de villes, je doute qu'ils trouvent preneurs, car en France on ne peut concevoir qu'une entreprise de l'importance du *Saint-Louis and San Francisco Système* puisse être exposée à de pareilles fantaisies.

« Une mission va partir pour enquêter sur les agissements qui ont amené le Saint-Louis and San Francisco Railroad à se placer entre les mains d'un receveur, et, si les renseignements sont ce que nous croyons, vous pouvez annoncer qu'à l'avenir aucune valeur américaine ne sera plus admise à la cote du Parquet ni à celle de la Coulisse de la Bourse de Paris ».

On ne saurait mieux dire et la menace de la fin est tout à fait opportune. Oui, il est inadmissible que de pareilles fantaisies se produisent ou qu'elles se renouvellent.

C'est entendu, la maison Speyer et la maison Seligmann feront, avec beaucoup d'autres, tout leur possible pour que les obligataires français, allemands ou anglais ne pâtissent point trop de cette aventure. Soit, mais encore il restera que nous nous refuserons toujours en France à cette idée, que lorsque nous plaçons en portefeuille un titre quelconque, il puisse nous entraîner, de façon inattendue, à quelqu'une de ces émotions fortes que peut procurer une partie de « Baseball ».

Maintenant, une autre conclusion d'ordre plus général s'impose. Il reste acquis que certains établissements de crédit, plus soucieux, sans doute, d'encaisser de fortes commissions que de diriger consciencieusement l'épargne, agissent avec une légèreté vraiment répréhensible. C'est à leurs clients, mis en garde par des événements récents, à ne les suivre qu'avec circonspection.

***

La *New-Orléans Mobile and Chicago Railroad Company* a suspendu le paiement de ses coupons le 1er juillet 1913. Cela ne fait jamais, après tout, qu'un chemin de fer exotique de plus qui ne fait pas face à ses engagements.

Constituée sous les lois de l'Alabama le 7 décembre 1907, cette Compagnie réalisait la fusion de trois compagnies qui vivotaient mal : le *New-Orléans Mobile and Chicago R. R. C°*, la *Mobile Jakson and Kansas City Rr C°* et la *Gulf and Chicago Ry C°*.

Le capital social était fixé à 16.500.000 dollars en 35.000 actions de préférence et 115.000 actions ordinaires de 100 dollars chacune. L'assemblée du 24 décembre 1909, d'autre part, autorisa l'émission de 35 millions de dollars 5 o/o or d'obligations.

Les résultats obtenus pendant les trois premières années furent des plus médiocres. L'année 1912 se solda notamment par un déficit de 150.000 dollars.

Le dernier bilan que nous avons sous les yeux (30 juin 1911) décelait une situation des plus critiques. On y voit, entre autres, figurer à l'actif un poste *Portefeuille* équivalent à 70 dollars, et un chapitre « *Espèces en caisse* » porté pour 950.640 dollars. Il est vrai qu'en regard, au passif, les « *Créances à payer* » s'élevaient à 695.940 dollars.

Bien que le *Frisco* et la *Louisville and Nashville* aient possédé des actions de cette Compagnie, elles n'ont jamais garanti ses emprunts. Il s'ensuit que la *New-Orléans Mobile Chicago* en est réduite à ses propres moyens pour se tirer d'affaires. Or, ses moyens sont nuls.

Plaidant dans l'affaire Humbert, Waldeck-Rousseau qualifiait cette immense tartarinade « la plus grande escroquerie du siècle. » Il ne connut pas la *Cherryvale Oklahoma and Texas Railway Company*.

Ceci remet en mémoire un mot de Veuillot. Je ne sais plus qui, parlant devant lui d'un tiers, s'exclamait : « C'est le dernier des misérables. » Le grand journaliste, avec un sourire narquois, objecta : « Ils sont plusieurs. » Car il ne faut décourager personne.

Or, donc, la *Cherryvale Oklahoma and Texas Railway Company* constitue la plus grande escroquerie du siècle... mais elles sont plusieurs.

Pour bien mettre en lumière certaines manières, un peu trop... américaines, de procéder, nous tenons à placer sous les yeux du lecteur, le prospectus d'émission qui fut inséré, durant le premier trimestre de 1909, dans la plupart des journaux financiers, nous contentant de souligner les allégations qui, par la suite, apparurent mensongères.

Ce document, que nous devrions léguer à nos arrières-neveux pour qu'ils puissent à la fois admirer notre candeur autant que l'astuce de banquiers émetteurs, le voici :

THE CHERRYVALE, OKLAHOMA
AND TEXAS RAILWAY CY

Constitution. — La Société Cherryvale, Oklahoma and Texas Railway Cy est une Société anonyme américaine constituée sous les lois de l'Etat d'Oklahoma (Etats-Unis d'Amérique) suivant statuts déposés le 22 juillet 1902 au secrétariat de l'Etat d'Oklahoma et modifiés suivant résolution de l'assemblée générale des actionnaires en date du 21 février 1908.

Capital social. — Le capital social autorisé d'abord de $ 18.000.000 a été porté à $ 20.000.000 divisé en 100.000 actions ordinaires, d'une valeur nominale de $ 100 chacune.

Obligations. — Emission au prix de 87 1/2 0/0, de $ or 2.000.000, (10 millions de francs) d'obligations 5 0/0 or, 1re *hypothèque*, autorisée par décision du Conseil d'administration en date du 4 septembre 1908 et formant la première tranche d'un emprunt total de $ 20.000.000 d'obligations que la Société est autorisée à émettre, successivement, au fur et à mesure de ses besoins, suivant résolution spéciale de l'assemblée générale des actionnaires en date du 15 août 1908.

L'emprunt est garanti par une inscription en *première hypothèque* en faveur des porteurs d'obligations, et ce, au nom de la *Carnegie Trust Cy* de New-York intervenant comme trustee des porteurs d'obligations.

Cette inscription hypothécaire porte sur l'ensemble de la ligne des Chemins de fer, de son agencement complet, y compris le matériel fixe et roulant, de toutes les redevances de péage et de voirie, en un mot sur tout l'actif social, ***sans exception ni réserve.***

Les obligations sont productives d'un intérêt annuel de 5 o/o payable par coupons trimestriels, au change fixe de 5 fr. 15 par dollar, les 1er janvier, 1er avril, 1er juillet et 1er octobre, le premier coupon échu à la date du 1er janvier 1909.

Elles sont remboursables au pair le 1er juillet 1918. Toutefois, la Société se réserve la faculté de les rembourser à n'importe quelle date à partir de la sixième année de leur émission; mais, en ce cas, moyennant une prime de 5 o/o au-dessus du pair.

Objet. — La Société a pour objet de tracer, construire et exploiter une ligne de chemin de fer à voie normale, une ligne de chemin de fer électrique, et un service de télégraphe et de téléphone qui, de la ville de Cherryvale (comté de Montgomery, Kansas), se prolongeront dans la direction Sud-Ouest à travers le comté de Montgomery (Kansas) et continueront dans la direction Sud-Ouest à travers l'Etat d'Oklahoma, traverseront l'Etat de Texas jusqu'à la ville de El Paso (Texas), traversant les comtés « organisés » de Washington, Osage, Pawnee, Noble, Payne, Carfield, Logan,

Kinngfisher, Canadian, Oklahoma, Blaine, Caddo, Custer, Washita, Kiowa, Greer, Beckham et Jackson, dans l'Etat d'Oklahoma. La longueur de la voie principale ci-dessus est estimée devoir être de 700 milles.

Des embranchements partiront de diverses villes situées sur le parcours de la ligne principale, et notamment des lignes de Caney, Pawhusha, Childress, El Reno, Oklahoma.

Durée. — Quatre-vingt-dix-neuf années.

Siège social. — A. Perry, Oklahoma ; siège administratif, à Paris, 16, place Vendôme.

Assemblées générales. — L'assemblée générale ordinaire se tient chaque année, le premier lundi d'avril. Les assemblées extraordinaires auront lieu toutes les fois que le Conseil le jugera nécessaire.

Répartition des bénéfices. — Les administrateurs déclarent et fixent les dividendes ainsi que les fonds de réserves, si à leur avis ceux-ci sont justifiés par les bénéfices de l'entreprise.

Conseil d'administration. — Le Conseil d'administration est ainsi composé : MM. Hon, S. M. Porter, président ; Reuben, Gubbay, vice-président ; Georges A. Masters, vice-président ; Comte Richard d'Abnour ; vice-amiral Charles Bayle ; F. D. Brewster ; J. H. Brewster ; Roger Trousselle ; R. E. Wade ; Charles H. Whiting.

Service financier. — A Paris, à la Banque Parisienne de fonds publics, 16, place Vendôme.

Les publications ont été faites au *Bulletin annexe du Journal Officiel*, nº 3 du 18 janvier et nº 5 du 1er février 1909.

Voilà donc ce qu'il était loisible de lire dans la plupart des communiqués passés à la presse pendant le premier semestre de 1909.

Voici maintenant ce qu'on lisait à la rubrique « Tribunaux », dans la plupart des journaux en juillet 1912 :

La 8e Chambre correctionnelle, présidée par M. Flory, a rendu aujourd'hui son jugement dans l'instance engagée par les obligataires du *Cherryvale Oklahoma and Texas Railway.*

Le jugement déclare régulier la demande formée par les porteurs de titres pour infraction à la loi sur les Sociétés et pour escroquerie, et il renvoie la cause, pour l'examen des faits, à trois experts.

Ces auxiliaires de justice auront à rechercher s'il est vrai que rien n'ait été versé sur le capital de 100 millions, si l'hypothèque était chimérique, si les bilans ont été dissimulés au public et si la ligne du chemin de fer n'existait que sur le papier.

Ils auront, en outre, à examiner les diverses allégations mensongères contenues dans les prospectus, notamment, celle d'un prétendu dépôt d'une garantie de 2 millions et demi.

Avant que d'exposer les faits qui sont intervenus entre ces deux insertions, reprenons le prospectus et convenons que l'appât était grossier.

1° Il est mentionné que le capital est de 100 millions, mais il n'y a pas trace au *Supplément du Journal officiel* de la rémunération des apports. Cette ligne, dont l'ensemble devait être de 700 milles (près de 740 kilomètres), aurait donc été apportée par des personnalités bénévoles, qui, poussant le désintéressement à l'extrême, ne réclameraient pas un dollar, ne voulurent pas un cent, n'acceptèrent pas un titre. Une telle abnégation si contraire aux mœurs courantes, tant de l'ancien que du nouveau monde, classent de droit les apporteurs de la *Cherryvale Oklahoma and Texas Ry Cy* dans la galerie des héros à la Plutarque.

C'est grand dommage qu'en cet instant, les bouts de rubans soient décriés, c'est avec joie que l'on insisterait : « Qu'on les décore. »

Mais les bonnes actions n'aiment pas le bruit et la modestie sied aux gens vertueux. Pour éviter les compliments, pour fuir les louanges, les administrateurs indiquaient bien que « l'assemblée générale ordinaire se tient chaque année le premier lundi d'avril » (oh ! ce mélange d'affaires sérieuses et de premier... d'avril) ; mais ils négligeaient d'avertir si ce serait à Perry (Oklahoma), siège social, ou au siège administratif, 16, place Vendôme, à Paris. Cette imprécision permettait de renvoyer les assistants importuns de la Seine à l'Oklahoma, ou de Perry à Paris. Par ce jeu si simple, on n'avait plus que des actionnaires retardataires. Or, depuis Lafitte, chacun sait que la première qualité requise de l'homme qui veut s'enrichir est l'exactitude.

Aussi, personne ne fit-il fortune — au moins du public — dans la *Cherryvale Oklahoma and Texas Ry Cy*.

Ce qui advint est assez simple. Après un renfort de réclame inusité, les promoteurs de cette louche affaire introduisirent le titre en Bourse le 25 mai 1910 au cours d'émission, soit 437 fr. 50. Le marché, un certain temps « tenu », fut pourtant assez vite abandonné.

Les cours se mirent à fléchir terriblement, les plus mauvaises nouvelles se mirent à circuler, et un beau jour les coupons ne furent plus payés, les titres disparurent de la cote, devinrent sur le champ papier invendable.

Un certain nombre de porteurs se fâchèrent : — pour une fois de plus le proverbe était faux — ce n'étaient pas ceux qui se fâchaient qui avaient tort, tout au contraire, ils avaient raison. Ils formèrent un comité de défense et ils portèrent plainte.

Sous le coup de cette plainte, qui avait déclanché la nomination d'experts, le Conseil se décida à faire quelque chose, c'est-à-dire que dans son sein s'opéra une scission. Le 20 novembre 1912, M. Robert Trousselle, vice-président du Conseil d'administration, réunit les obligataires de cette Société, à Paris, et leur lut un rapport, long comme un jour sans pain, d'où il résultait entre autres choses :

a) Que le Conseil d'administration n'avait pas les mêmes vues que le Comité des obligataires — qui ne s'en serait douté ?

b) Que les membres du Conseil d'administration se mentaient entre eux à qui mieux mieux, à tel point que l'Honorable S. M. Porter, président, engageant une action devant la Cour du Kansas à Gubbay, son co-administrateur, et à la Banque Parisienne des Fonds Publics, M. Withing, autre administrateur chargé de signifier les actes, raconta à ses anciens collègues des histoires à dormir debout, qui les induisaient en erreur.

c) Que, profitant de cet imbroglio rocambolesque, l'honorable Porter, sénateur, avait obtenu de la Cour du Kansas annulation de la première hypothèque consentie aux obligataires de la Compagnie.

d) Que le Trustee consulté envoya des lettres si obscures qu'il fallut recourir aux bons offices de sollicitors américains établis à Paris, dont la conclusion était fort claire, puisqu'ils demandaient de l'argent.

e) Que le Trustee, de son côté, tout en réclamant des instructions précises, n'en formulait pas moins une prétention analogue.

f) Qu'en toutes hypothèses, il fallait plaider en Amérique.

Là-dessus, le président Trousselle après avoir déclaré solennellement : « Pour résumer la discussion, nous vous demandons un double appui : un appui moral et un appui financier », termina en disant : « Si vous le voulez bien, je demanderai à chacun de vous l'engagement de principe de verser une petite somme pour les frais du procès. Il me semble que nous pourrions chiffrer cette somme à 5 francs par titre de 100 dollars ».

Ainsi, voilà des gens à qui l'on avait fait payer 437 fr. 50 le plaisir d'être créancier d'une compagnie au capital de 100 millions — et qui pas plus que Mme Humbert n'avait 100 millions — d'une compagnie qui, en échange de 437 fr. 50 leur donnait une première hypothèque qui n'existait plus, si elle avait jamais existé, d'une compagnie qui possédait 700 milles de voies ferrées, mais il est vrai sur le papier, et parce qu'il n'y avait pas de 100 millions,puisqu'il n'y avait plus d'hypothèque, parce qu'il n'y avait pas encore de voie ferrée, on leur extorquait encore cent sous pour le plaisir de leur faire courir les chances d'un procès perdu d'avance devant des cours lointaines, et jugeant suivant des lois extravagantes.

Confessons-le, à la honte du peuple le plus spirituel de la terre, il s'est trouvé des obligataires qui, ayant perdu déjà 437 fr. 50, ont jugé tout à fait supérieur de perdre 442 fr. 50...

Ajoutons, pour être complet, qu'à l'assemblée générale du Syndicat des obligataires du Cherryvale Oklahoma and Texas Railway, qui eut lieu le 13 janvier 1913, le baron de Larrard, président, déclara que l'action diplomatique française serait mise en œuvre pour obtenir que l'actif de la Compagnie ne soit pas vendu à vil prix !...

Il est vrai que les embarras du Carnegie Trust dont nous parlons plus loin, au sujet du *Florida Railway*, doivent encore singulièrement embarrasser cette étrange liquidation.

Cette histoire navrante porte sa philosophie.

Enfin, on a vu, en France, ce spectacle inouï :

1° De porteurs indigènes sachant défendre les intérêts et portant plainte ;

2° Le Parquet se décider à faire son devoir et

engager des poursuites contre les dirigeants de cette affaire essentiellement véreuse.

Oui, juste ciel ! il s'est rencontré non pas des juges à Berlin — ce qui ne se trouve que dans les fables d'Andrieux — mais des juges à Paris — ce qui ne se trouve dans aucune fable de La Fontaine — il s'est trouvé des juges à Paris et pour pousser le courage jusqu'à... nommer des experts.

Ces experts, du reste, n'ont pas encore répondu.

Peut-être le feront-ils un jour, ce qui nous surprendrait d'ailleurs, le propre des enquêtes en France étant de n'avoir, par principe, aucune efficacité, mais encore c'est toujours tant de gagné quand on entend un Tribunal ou un Parlement ordonner une enquête. Evidemment, cela ne sert à rien, quant aux fonds perdus dans l'entreprise, mais cela fait toujours plaisir, car cela semble une sanction. Et une sanction paraissait s'imposer tout spécialement pour la *Cherryvale Oklahoma and Texas Ry Cy*. Il est vrai que, dans ce dernier cas, on avait dépassé les limites permises de l'escroquerie.

***

Dans de petites feuilles sans lecteurs, comme sans influence, et dont naturellement la publicité est peu coûteuse, on trouve quelquefois des notes de ce genre, élucubrations fantaisistes de quelque « buncaillon » gêné par ce qu'on appelle « une queue d'émission ».

Parmi les obligations placées ces années dernières,

il en est une qui nous paraît vraiment exagérément dépréciée : nous voulons parler de l'obligation *Bingham Central Railway* 6 o/o. Cette obligation première hypothèque est au nominal de 515 francs. Ses coupons sont payables trimestriellement les 1er avril et 1er octobre. L'émission a eu lieu au prix de 489 fr. 25. Actuellement, le titre est tombé aux environs de 225 fr., rien ne justifie une baisse aussi importante. Le chemin de fer, qu'exploite la Compagnie, est entièrement terminé et en exploitation. Il est destiné surtout au transport des minerais et répond à des nécessités absolues. Son trafic est assuré par contrat, à des conditions très rémunératrices. C'est ainsi que la Compagnie Ohio-Copper a garanti un minimum annuel de 1.620.000 tonnes à raison de 15 cents la tonne, ce qui assure des bénéfices nets beaucoup plus que suffisants pour l'intérêt et l'amortissement de la dette obligataire.

Malgré cette invitation à la valse, il n'apparaît pas du tout que l'obligation *Bingham Central Railway* offre le moindre intérêt.

Précisons de suite : le *Bingham Central Railway* est un minuscule chemin de fer. Il relie Salt Lake City à Bingham par une voie ferrée, tout entière en tunnel, d'une longueur de 5.600 mètres, en traversant la montagne de Salt Lake Valley. Il est uniquement consacré aux transports des minerais de cuivre produit par un certain nombre de mines avoisinantes.

De cette situation particulière résulte quelques inconvénients. Lorsqu'une grève, par exemple, éclate chez les mineurs, le transit se trouve du coup réduit à néant. D'autre part, comme le *Bingham*

Central Railway n'est pas la seule compagnie desservant cette région de l'Utah, elle n'a pas la clientèle de toutes les Sociétés minières qui en font la prospérité.

On nous dit bien, en effet, que l'*Ohio Copper* s'est engagée avec elle, mais l'on ne nous dit pas — et pour cause — que semblables engagements aient été pris par la *Boston Consolidated*, par la *Bingham Consolidated*, par la *Fortuna* ou par l'*Utah Copper*.

Retenons au surplus que l'industrie cuprifère est essentiellement capricieuse. Lorsque les stocks augmentent par trop et que la consommation n'est plus à la hauteur de la production — circonstance fréquente — le travail est réduit aux mines, réduit aussi le transport. De telle sorte que — en définitive — si l'on consulte les statistiques du cuivre on s'aperçoit que les années de vaches maigres sont plus nombreuses que les années de vaches grasses. Et puisque, par sa nature même, l'exploitation du Bingham Central Railway est intimement liée à l'exploitation des mines, elle subit, par contre coup, les mêmes fluctuations.

Le capital social du Bingham Central Railway se décompose ainsi :

13.500 actions priorité 6 0/0 cumulatives de $ 100 chacune	1.350.000
22.500 actions ordinaires de $ 100 chacune	2.250.000
Total $	3.600.000

Mais, sur ce montant autorisé, lors de la fondation de la Société le 28 août 1907, tout n'a pas été émis et au dernier bilan publié : celui du 31 mai 1912 : seulement $ 2.599.987 avaient été émis de sorte que $ 1.101.013 d'actions restaient à la souche. Maintenant une question se pose : comment, les deux catégories d'actions étant de $ 100 chacune, avait-il pu en être émis pour $ 2.599.987, comment pouvait-il en rester à la souche pour $ 1.101.013 ? Ça c'est de la comptabilité américaine.

La notice parue au *Bulletin annexe du Journal Officiel* (21 novembre 1910) mentionnait bien qu'il n'avait été fait aucun apport à la Société, mais elle ajoutait ingénument « il y a lieu d'observer que les actions ont servi à payer notamment les immeubles, voies, droits de passage et rémunération de certains concours ». En Europe la rémunération de certains concours, etc., par des actions font d'icelles des actions d'apports, en Amérique cela permet simplement de déclarer qu'il n'y a pas d'actions d'apports. Le tout est de s'entendre.

Pour tourner court, le *Bingham Central Railway* quand il songea à faire appel en France à $ 3 millions sous forme d'emprunt obligataire, c'est-à-dire à nous demander 15.000.000 de francs n'avait aucun actif liquide mais seulement $ 1.101.013 dollars d'actions à la souche dont personne n'avait voulu en Amérique.

Rapprochons le premier bilan publié en France (au 31 juillet 1910) au dernier connu (31 mai 1912).

BILANS COMPARÉS

Actif

	1910	1912
	—	—
Droits de passages et immeubles....	350.000	»
Voie et matériel..................	3.260.251	3.647.512
Matériel en entrepôt..............	2.813	6.773
Assurances	145	2.021
Nouveau générateur...............	6.715	»
Caisse et comptes débiteurs.........	13.604	6.284
Dépôts en garantie................	»	5.904
	3.633.528	3.668.494

Passif

	1910	1912
Capital-actions....................	2.599.987	2.599.987
Dette consolidée obligations........	975.000	975.000
Intérêts à payer..................	7.950	41.435
Créditeurs diver.................	8.499	»
Profit du 1er janv. 1910 au 31 juillet 1910....................	42.692	»
Bénéfice net du 1er janvier 1910 au 31 mai 1912....................	»	52.072
	3.633.528	3.668.494

Il est douteux que la lecture attentive de ce bilan inspire jamais l'idée de classer en portefeuille les obligations 6 o/o du *Bingham Central Railway*.

L'actif appelle relativement peu d'observations. Le poste « Droits de passages et Immeubles » qui figure au bilan de 1910 additionné au poste qui fait suite « Voie et Matériel » donne au total de 3.610.251 dollars. Le premier de ces postes a disparu en 1912, mais le second est porté pour 3.647.512 dollars, ce qui tendrait à faire croire qu'en fait d'amortissements, sur ces deux chapitres d'immobilisations, on s'est contenté de les fusionner. On a amorti, semble-t-il, le « nouveau générateur » mais il se pourrait aussi bien qu'il ait été lui aussi incorporé dans le chapitre « Voie et Matériel » ce qui expliquerait pour un tiers le surplus de ce compte d'une année à l'autre. Cette hypothèse semble permise, si l'on se rend compte que les bénéfices nets accumulés de 1910 et de 1911-1912, défalcation faite du service de l'intérêt obligataire, ne laissent qu'un solde reporté de 52.072 dollars rendant impossible tout amortissement.

La présentation sous une même rubrique de la « Caisse » et des « Comptes débiteurs » soulève des critiques. La « Caisse » c'est l'actif disponible, les « Comptes débiteurs » forment l'actif réalisable. Or, l'actif disponible et l'actif réalisable ne sauraient présenter les mêmes garanties. Si j'ai 100 francs en poche et que X... me doive 100 francs, je ne saurai dire que j'ai 200 francs en poche, car à l'échéance mon billet sur X... peut m'être retourné impayé et X... devenu insolvable. A moins que de tenir à ne pas établir de comptes exacts, il convient donc de dégager ces deux catégories d'actifs pas du tout assimilables.

Un fait reste certain. D'un bilan à l'autre, la Compagnie a vu son actif disponible et réalisable s'amoindrir de moitié. A moins que le chapitre « Dépôts en garantie » figurant aux écritures de 1912 et non celle de 1910 ne se doive, lui aussi, additionner au précédent. Auquel cas nous retrouverions pour 1912 au total 12.188 dollars contre 13.604 dollars en 1910. Il n'y aurait plus, dès lors, qu'une diminution d'actif mobile de 1.516 dollars.

Il n'est pas nécessaire d'être membre de notre

Société Académique de comptabilité pour juger singulièrement défectueuse pareille méthode comptable.

Au passif, le capital social est resté le même, ce qui prouve, une fois de plus, que les actions restant à la souche n'ont pas trouvé preneurs.

La dette obligataire, elle aussi, est restée semblable à elle-même : 975.000 dollars. Son montant nécessite un décaissement annuel à 6 o/o de 58.500 dollars.

Au compte de Profits et Pertes de 1910, on lit :

Revenus	63.459 01
Opérations en cours	20.767 29
Solde créditeur	42.691 72

Vraisemblablement les opérations en cours se rapportaient à l'émission des obligations en France. N'en parlons plus.

Au compte de Profits et pertes du bilan de 1912 on trouve :

Bénéfices nets du 1er janvier 1910 au 31 mai 1912	183.697
Intérêts des obligations	131.625
Solde créditeur	52.072

Dès lors les intérêts des obligations courus ont été payés régulièrement. Mais les écarts du chapitre « Intérêts à payer », qui se présente la première fois sous les apparences modestes de 7.350 dollars et qui, la seconde fois, s'amplifie sous ceux de 41.435 dollars, prouvent qu'il ne doit pas en aller de même du dividende cumulatif des actions privilégiées.

Recherchons. Il y a, avons-nous dit, 13.500 actions 6 o/o privilégiées cumulatives de 100 dollars chacune. Le service de leur intérêt représente donc 61.000 dollars par an. Les 41.435 dollars figurant au passif représenteraient donc la moitié de l'intérêt qui leur est du si toutes ont été émises, ce que l'on ignore, mais ce qui apparaît vraisemblable puisque les actions ont servi à payer des apports et qu'il n'est pas douteux que les immeubles et les concours ont été acquis ou rémunérés par des actions privilégiées cumulatives plutôt que par des actions ordinaires. Il n'est pas d'induction plus facile.

Alors, si nous nous reportons au bilan de 1910, où nous voyons 7.350 dollars inscrits au même chapitre, nous voyons que la Compagnie emprunteuse commençait dès ce moment-là à ne plus pouvoir faire face à ce service. Elle n'avait déjà plus d'argent. Et le prospectus d'émission pour l'emprunt insistait bien sur ce point : « Ce chemin de fer est actuellement terminé et en pleine exploitation. »

Dès lors, si « ce chemin de fer terminé et en pleine exploitation » empruntait, c'est qu'il n'avait pas d'argent.

Nous n'en terminerons pas avec ce passif sans avoir souligné que les réserves sont absolument inexistantes. Constituée en 1907, la Compagnie n'a devant elle qu'un solde reporté de 52.072 dollars, total des soldes créditeurs écoulés du 1er janvier 1910 au 31 mai 1912. Ce qui lui donne, en moyenne, un bénéfice disponible de 20.000 dollars par an (soit 100.000 francs) à condition de n'amortir aucun poste, de ne rien réserver.

Quant aux quelques 30.000 francs qui constituent tout son avoir disponible ou réalisable, il n'y a pas même là de quoi faire un fonds de roulement d'autant que l'on ignore le montant exact des comptes débiteurs.

Vouée par destination à suivre la capricieuse destinée des Compagnies minières, dénuée de toutes réserves, portant le fardeau d'une dette obligataire trop lourde pour ses épaules, démunie de tout argent liquide, n'ayant qu'un passé sans grandeur, un présent des plus médiocres, un avenir sans extension possible, la *Bingham Central Railway Cy* ne saurait présenter ni attrait, ni garantie.

Emise à 489 fr. 25 l'obligation *Bingham Central Railway* se négocie aujourd'hui au cours de 200 francs.

***

Lorsque, pour obtenir des fonds, on promet, on ne saurait trop promettre ; quitte à savoir, par après, comment l'on réalisera ses promesses.

De cette sorte, usa la *Florida Railway Company* quand, dans la seconde quinzaine de mai 1910, elle se présenta pour la première fois à nous, sous les auspices de la Banque Impériale Royale et privilégiée des Pays autrichiens.

Cette Compagnie ne parlait de rien moins que de se réserver le droit de rembourser l'emprunt de $ 4.000.000 qu'elle nous demandait de lui consentir « en tout ou en partie à partir du 1er juillet 1914 avec une prime de 6 o/o, soit à 549 francs. Le titre étant offert à 472 francs, rapportant net par an 25 fr. 90, le souscripteur pouvait donc espérer moyennant 472 francs toucher intérêts et capital trois ans après 626 fr. 70. En achetant 100 titres, le petit avoir engagé s'accroissait de 15.470 francs.

Rarement proposition plus alléchante fut faite au public français. Il est vrai que l'esprit viennois se combinait ici avec l'imagination qui sied aux riverains du golfe du Mexique.

Maintenant est-il bien nécessaire de rappeler que le *Florida Railway* avait pris à tâche de relier Thallahassee (capitale de la Floride) aux ports de Fernandina sur l'Atlantique et de Jaksonville à l'estuaire de la St John River?

Est-il bien nécessaire, au surplus, de rééditer les exagérations du prospectus, qui affirmait, par exemple, que Fernandina « est destiné à jouer pour les Etats-Unis du Sud (?) le rôle de New-York pour ceux du Nord »?

Cette logomachie amphigourique, qui laisserait croire, du reste, qu'ayant mal lu l'histoire, le rédacteur de ce factum a cru que les Etats du Sud ont triomphé dans la guerre de Sécession, ne prouve rien si ce n'est l'extraordinaire assurance des marchands de vignettes.

Laissons cela, cependant retenons ces lignes suggestives :

Une hypothèque générale sur tous les biens de la Florida Railway C° a été prise au nom des obligataires par le *Carnegie Trust* dont la réputation est mondiale.

Les obligations sont signées conjointement par la Compagnie et par *la Carnegie Trust C°*.

« Ah! le bon billet qu'a La Châtre », comme disait Ninon. Oui, le bon billet et la belle signature.

La réputation mondiale du *Carnegie Trust* ne pouvait venir certainement que d'une confusion, et du moment qu'il y avait du Carnegie là-dedans, ce ne pouvait être qu'Andrew Carnegie, le grand Carnegie, le seul Carnegie, celui qui dote les bibliothèques, crée un palais de la Paix, constitue des *Herosfund*, enfin, le plus connu des milliardaires après J.-P. Morgan, bien entendu. Par malheur, le véritable Carnegie, si l'on peut dire, ne s'occupait nullement du Carnegie Trust, qui ne se trouvait Carnegie Trust que par une homonymie regrettable, une de ces homonymies regrettables, qui font qu'on lit dans les journaux des choses comme celle-ci : « M. Joseph Durand, habitant à Perpignan, nous prie de déclarer qu'il n'a de commun que le nom avec le bandit Joseph Durand, de Lille, exécuté il y a un mois. Dont acte. »

Le Carnegie Trust n'avait donc aucune réputation mondiale, il n'avait même aucune réputation du tout. Il en a depuis acquis une mauvaise. D'abord parce qu'on le trouve mêlé à d'aussi regrettables affaires que le *Cherryvale Oklahoma and Texas Railway*, ou le *Florida Railway*; puis, parce qu'en dépit de son nom de Carnegie il a fait la plus pitoyable des faillites. Et c'est précisément du reste, parce qu'il a fait faillite que le *Florida Railway* se trouve dans la plus lamentable des situations.

Selon l'usage, la Compagnie commença par suspendre ses paiements; quoi, je vous prie, de plus naturel, pour un chemin de fer transatlantique? Puis, elle fit paraître une note entortillée, qui vaut d'être reproduite :

> A la suite de la faillite du Carnegie Trust, Trustee de la *Florida Railway Company*, cette dernière a eu à lutter contre son nouveau trustee, qui lui a créé de nombreuses difficultés, ce qui l'a mis dans l'impossibilité d'achever la construction du prolongement de sa ligne. La *Florida Railway* a intenté un procès en $ 6.500.000 de dommages et intérêts audit Trustee, ainsi qu'à une Compagnie de chemin de fer concurrente qui aurait, de l'avis du président de la Florida Railway, aidé le nouveau trustee, a lui créer ces difficultés.
>
> Ce procès est en cours et, en attendant son issue, le Conseil d'administration de la Florida Railway n'a pas cru pouvoir donner l'autorisation de payer le coupon venant à échéance le 1er courant.
>
> La Compagnie Florida n'est pas en faillite et le fait même de ce non paiement ne la rend pas susceptible d'être mise en faillite avant six mois, d'après les lois américaines et, d'ici l'expiration de ce délai, son procès sera sans doute solutionné, ou la Compagnie Florida sera réorganisée ou peut-être même aura-t-elle traité avec le chemin de fer concurrent.

D'un œil mélancolique, l'obligataire de la *Florida Railway* C° considère la majestueuse signature du pseudo *Carnegie Trust*.

Adieu veau, vache, cochons, couvées.

Le titre ne sera pas remboursé à 549 francs le 1er juillet 1914, il ne rapporte plus 25 fr. 90, ne se capitalise plus à 5.61 o/o, ne cote plus 472, ne trouve même plus preneur à 30 francs...

***

La *Yosemite Short Line Railway Company* émit en août 1905, 6.250 obligations 4 1/2 90, au cours de 481.75. Ici il n'y avait pas de Carnegie Trust, mais il y avait pour les obligations susdites la garantie capital et intérêts de la *Sierra Railway Company of California*. Cette dernière Compagnie, pas plus que la ci-devant Carnegie Trust, ne possédait de réputation mondiale.

Au reste, il n'était nullement question de rembourser les obligations dès 1914, mais seulement le 1er septembre 1945, ce qui apparaît infiniment plus prudent. En cinquante ans, on a le temps de voir venir.

Inconnues lorsqu'elles furent présentées au public français, tant la *Yosemite Short Line Railway Company*, que la *Sierra Railway Company of California* le sont demeurées.

Nul inconvénient, dès lors, à reproduire les termes des lettres de créance qui les accréditaient près de nous.

Sierra Railway. — Le *Sierra Railway* sert, depuis 1897, au Southern Pacific Railway et, depuis 1902, à l'Atchison, Topeka and Santa-Fé Railway de ligne de pénétration vers les régions minière et forestière les plus riches de la Californie.

Le *Sierra Railway* se détache de l'Atchison et du Southern Pacific respectivement à Escalion et à Oakdale, dans la riche vallée du San Joaquin, à une altitude de 66 mètres.

De Jamestown, un réseau de *Sierra Railway* se dirige vers le Nord parallèlement à la région minière, sur une distance de 24 kilomètres, jusqu'à Angels.

C'est également de Jamestown que se détache le *Yosemite Short Line Railway*, en cours de construction, se dirigeant vers le Sud et se substituant graduellement à la traction animale qui reliait jusqu'à présent au *Sierra Railway* les villes minières d'Eagle, Groveland, Big Oak Flat et Coulterville.

Yosemite Short Line Railway. — La *Yosemite Short Line Railway Company*, constituée au capital de 1.250.000, construit sous la direction du *Sierra Railway*, une ligne secondaire de 50 milles (75 kilomètres) de longueur, reliant la station de Jamestown au Parc national de Yosemite.

En vertu d'un contrat passé, le *Sierra Railway* s'engage : 1° à ne donner à ses lignes aucune extension dans le territoire desservi par la *Yosemite Short Line Railway Company*, 2° le *Sierra Railway* devient locataire pour quarante-deux ans de la *Yosemite Short Line Railway Company* et s'engage à l'exploiter moyennant abandon à son profit de 50 o/o de ses recettes brutes, l'excédent étant applicable d'abord au service d'intérêts des obligations et ensuite aux dividendes des actions du *Yosemite Short Line Railway*, 3° le *Sierra Railway reconnaît et garantit, capital et intérêts la dette obligataire du Yosemite Short Line Railway.*

A ce dernier point de vue, il est essentiel d'observer que les recettes du *Sierra Railway* pour les 4 dernières années fiscales atteignent une moyenne de 77.651,70, soit près de trois fois la somme nécessaire au service des obligations du *Yosemite Short Line Railway.*

Les recettes brutes du *Yosemite Short Line Railway* sont, en effet, estimées à un minimum de 180.000 or; le *Sierra Railway* l'exploitant par contrat sur la base de 50 o/o des recettes brutes, les recettes nettes du *Yosemite Short Line Railway* ressortiront donc à environ 90.000 laissant, après déduction du service d'intérêt et d'amortissement de ces obligations, un excédent de recettes de 50.000, applicables aux dividendes.

Comme la loi obligeant les Compagnies à des publications officielles ne remonte qu'au 30 janvier 1907, personne n'a jamais lu en France le moindre bilan de la *Yosemite Short Line.* Il est donc impossible de savoir avec précision la situation exacte de cette Compagnie.

Tout ce que l'on sait avec précision, c'est que la France a été invité à enfouir 3.125.000 francs sous les 75 kilomètres qui joignent Jamestown à Yosemite National Park. Cela ne fait jamais que 401.904 francs par kilomètre. Qu'ont mis dans ce même tracé les actionnaires? Rien du tout probablement.

***

Moins sérieuse encore que la *Yosémite Short Line C°* apparaît la *Cairo and Norfolk Railroad C°* incorporée le 17 mars 1908 sous les lois de l'Etat de Kentucky. Son but était de construire un chemin de fer allant de Cairo (au confluent de l'Ohio et du Mississipi) par la ligne la plus directe à travers le Kentucky et la Virginie jusqu'à Norfolk (sur l'Océan Atlantique). Cette ligne devait avoir une longueur de 800 milles environ, soit 1.350 kilomètres.

Le capital autorisé de la Compagnie avait été fixé à 1.500.000 dollars. Comme il est prudent de se réserver une poire pour la soif, la Compagnie pingrement n'avait émis de son capital initial que 500.000 dollars ; un million de dollars (soit 15.000 actions restaient donc à la souche). Il est à remarquer d'ailleurs que les 500.000 dollars d'actions émises avaient dû servir à rémunérer des apports ; cela n'est écrit nulle part, mais c'est tellement l'habitude.

Le montant total des obligations 1re hypothèque à émettre s'élevait à 12.500.000 dollars. Toujours précautionneuse, ou peut être manquant de crédit — des causes diverses pouvant assurer les mêmes effets — il ne fut émis que pour 1.500.000 dollars de ces titres à 5 o/o remboursables du reste au 1er mai 1928. Seront-elles jamais remboursables le 1er mai 1928 ? Question oiseuse.

Ce qu'il importe de faire remarquer c'est que le projet même de la ligne était absurde. Cairo, en effet, était déjà reliée par voie d'eau et voie de fer aux ports du golfe du Mexique, qui constituent ses débouchés naturels. Il apparaissait donc de prime abord invraisemblable qu'aucun trafic important soit jamais dirigé de cette région vers l'Atlantique par un trajet plus long et plus coûteux. D'autre part, en ce qui concernait le trafic local que la ligne projetée — et du reste à l'heure actuelle pas construite — aurait pu trouver dans les régions traversées, ce trafic presque exclusivement charbonnier devait lui faire défaut par suite de la concurrence de réseaux bien plus anciens et bien plus prospères desservant suffisamment et depuis longtemps le bassin houiller en question.

Partant d'une idée fausse, armée d'une inactivité redoutable, la Compagnie est une de celles dont la présentation au public français constitue un véritable scandale.

Offertes à l'émission au taux de 473 fr. 75, les obligations de la *Cairo and Norfolk Railroad Company* se traitent, à la grosse, hors Bourse aux environs de 50 francs.

***

L'on pourrait encore écrire quelques pages sur la *Georgia South Western C°*, il est vrai. Par contre, retomber dans d'éternelles redites ne présente aucun charme. Contentons-nous, dès lors, de relever les points essentiels suivants :

Titre	Nombre	Valeur nomin.	Cours d'émiss.	Cours act.
Georgia South Western	30.000	500	445 »	60 »

Cette ligne suffit à elle seule à éclairer la religion du lecteur.

CANADA

CHAPITRE XII

CHEMINS DE FER CANADIENS

Central Railway of Canada.
Québec Railway.

Moyennant 225 ou 230 francs, on peut se procurer au marché dit « des Pieds-Humides » — ce décrochez-moi ça de la cote — des obligations 5 o/o de la *Central Railway Company of Canada* d'une valeur nominale de 500 francs.

Elles valaient beaucoup plus cher autrefois puisque pour 1911 elles évoluèrent entre 490 cours plus haut et 489 cours plus bas, soit un cours moyen de 489 fr. 50.

Quantum mutatus ab illo.

Pourtant, la Compagnie a jusqu'à ce jour payé ses coupons, mais elle a pâti des erreurs de ses parrains : Rodolphe Forget et la Banque Alsacienne de Paris. La Banque alsacienne de Paris a fait faillite; quant à Rodolphe Forget, on lui doit le *Québec Railway*, et c'est tout dire.

Au surplus, la situation intrinsèque de la Société n'apparaît pas des meilleures. La plupart des tares diagnostiquées dans les Compagnies envisagées auparavant se retrouve en elle. Cette ligne de 273 kilomètres, qui s'appelait lors de ses débuts (1903) tout simplement *The Ottawa River Railway Company*, et que le seul désir de paraître grand, fit rebaptiser sous celui plus pompeux de : *The Central Railway of Canada* ne se peut considérer comme offrant par ses titres un placement de tout repos.

***

Il est de par le monde quelques uns de ces financiers de haut vol, de large envergure, dont il est impossible de ne pas connaître la silhouette et le portrait pour si perdus que vous soyez dans la foule anonyme.

Il est des noms qui surgissent tout à coup des mémoires, qu'inconsciemment profèrent les lèvres, et dont le seul prononcé évoque je ne sais quel pharamineux ensemble qui les transforme en symbole.

Convenons du reste que, pour la plupart, ces noms ne disent rien au vulgaire.

Le peuple croit à la richesse de M. de Rothschild, mais pour le peuple, M. de Rothschild personnifie la finance, et il s'arrête là.

Je ne parle pas de feu sir Julius Wernher. Ses relations avec Edouard VII l'avait campé comme une réplique du baron Hirsch, et ses colloques avec Lemoine l'avaient fait passer pour un « faiseur », ou pour un naïf, suivant l'humeur des gens.

Mais à côté de ceux-là, que d'étranges et profondes et fascinantes et stupéfiantes physionomies. Percival Farquhar, F. S. Pearson, sir George Farrar, Rodolphe Forget, pour démêler leur action, tracer leur vie, peindre leur âme, il faudrait la plume de Balzac... Ah! oui ceux-là sont bien plus intéressants à connaître que ne le pouvaient être Harrimann, J. Pierpont Morgan, Jay Gould ou Cornélius Vanderbilt.

Ceux-ci sont entrés dans l'histoire, ceux-là sont encore dans la vie. L'intérêt des derniers s'en accroît.

Il n'y a pas de spectacles valant à coup sûr celui de sir George Farrar, Bart, D.S.O.(1) renonçant devant ses actionnaires interloqués et ahuris par l'éclatement du scandale de l'East Rand, à son siège de député au Parlement de Pretoria, et jurant de se dévouer corps et âme à l'administration qu'il présidait. Qui n'a pas vu à la fois cette attitude pleine de soumission et d'insolence, qui n'a pas ouï cette interprétation des faits, à la fois sournoise et dédaigneuse, qui n'a pas senti ce que ce triomphe définitif comportait à la fois d'angoisses inavouées, de craintes refoulées et d'inquiétudes dominantes, n'a jamais regardé l'œil d'une bête traquée et qui aperçoit soudain une échappée.

Et Percival Farquhar ? Ici, il ne s'agissait plus de parler, il s'agissait d'écrire. Ce n'était plus devant des actionnaires inquiets qu'il fallait se dis-

(1) Baronet, Companion of Distinguished Service Order.

culper d'une gestion critiquable, mais devant tout un pays ameuté qu'il fallait plaider les circonstances atténuantes pour une œuvre dont l'envahissement continu menaçait d'englober en un trust unique tous les services publics d'un Etat. Alors, effrayé de l'impopularité grandissante de son œuvre, il prit pour confident *O Jornal do Commercio*. Il épancha le trop plein de son cœur dans les colonnes de notre illustre confrère.

Non, rien ne peut donner une idée du ton papelard pris alors par ce *businessman yankee*. Rien. Le miel de l'Hymette additionné de sucre de Candie se muent en amertume proche la douceur de ses propos. Lisant ces lignes, on absoudrait Percival Farquhar, si l'on ne s'apercevait que Percival Farquhar plaide pour Percival Farquhar. Que si l'on ignorait ce détail, suivant l'*à peu près* de Donnay on lui administrerait le « pot au feu sans confession ».

Il n'est pas en effet jusqu'à la mélancolie suprême de ses derniers mots : « Après ma mort, on se rendra compte que j'étais le meilleur ami du Brésil ». Non, il n'est pas jusqu'à cette mélancolique évocation de la mort qui ne nous impressionne et ne nous émeuve jusqu'aux entrailles.

Vous rappelez-vous F. S. Pearson...

Vous souvient-il de Rodolphe Forget, député au Parlement fédéral, quand il inondait de libéralités suspectes les bonnes œuvres du Dominion et qu'il était marguillier à Montréal, parrain des cloches...

Arrêtons-nous ici, aussi bien, n'est-ce pas le portrait de ces maîtres que nous exposons mais leurs œuvres. Leurs œuvres les peint du reste assez bien pour qu'il ne soit point requis d'y ajouter des touches nouvelles. Oui, leurs œuvres les peignent comme leur signature les révèle. La signature de Rodolphe Forget, il suffit de la fixer pour juger de ses entreprises. Elle débute hautaine, roide, par un *R* majuscule impérieux, puis elle devient hésitante, elle s'interrompt, pour reprendre zigzagante, fuyante, emmêlée, pleine de hauts et de bas, confuse, et se terminant par l'abaissement prolongé d'un paragraphe brutal qui traduit la chute rapide, inéluctable.

Avec un conseil d'administration ayant à sa tête Rodolphe Forget et où se trouvait amalgamés avec un art consommé, des sénateurs, des députés, des conseillers législatifs, des manufacturiers, des banquiers, des rentiers et des conseillers du roi, la *Québec Railway, Light, Heat and Power Company Limited* résulta en 1909 de l'« amalgamation » du *Québec Railway Light and Power* (remontant au 10 juillet 1899 et résultant lui-même de la fusion du *Québec District Railway* et de la *Montmorency Power C°*), de la *Jacques Cartier Electric Company*, de la *Canadian Electric Light Company*, de la *Québec Gas*, de la *Frontenac Gas*, auxquels viennent s'adjoindre par la suite le *Québec Saguenay Railway*, le *Québec County Railway* et la *Québec Levis Ferry Company*.

En somme, il s'agissait là dedans de chemins

de fer, de tramways, de gaz, d'électricité, et il s'agissait aussi de contrats brouillés, obscurs. Quand nous employons le mot « d'amalgamation » c'est avec intention que nous usons de ce vocable étranger car l'on ne saurait dire : fusion. Le *Québec Railway* s'est contenté d'acquérir le contrôle des Sociétés constituantes en leur laissant une existence sociale distincte. Car le *Québec Railway* n'est qu'une « Holding Company ».

Le savaient-ils, ceux qui mettaient ses actions en portefeuille et ceux qui souscrivaient à ses obligations ? On en peut douter. Et l'on en peut douter d'autant plus légitimement que la lecture des documents publiés par la Compagnie dans le *Bulletin annexe du Journal Officiel* (27 novembre) laisse supposer que l'une de ces diverses sociétés faisait partie intégrante de son actif. L'on conclut aisément du particulier au général.

Et voilà la supercherie. En effet, s'il y a seulement « Holding » et non pas « fusion » chaque affaire du trust conserve son existence légale propre, ainsi que nous l'indiquions plus haut, et les obligataires des Compagnies primitives restent les créanciers directs, gardant leurs garanties hypothécaires immuables, tandis que ceux du Holding Trust n'ont, en définitive, comme gage que l'ensemble des titres en portefeuille. Que vaut ce gage ? Evidemment sa valeur dépend exclusivement de la composition du portefeuille. Mais pour l'ordinaire — et c'est le cas du *Québec Railway*, comme pour le *Brazil Railway* — il est difficile de savoir la valeur marchande des titres livrés en garantie.

Bien entendu, le *Québec Railway* — comme toute Société exotique qui se respecte — n'avait qu'un capital nominal. Sur les 10.000.000 de dollars qui le composent, aucun titre ne fut effectivement souscrit. Les 100.000 actions de 100 dollars chacune se trouvèrent ainsi distribuées : 50.000 furent données en échange des 25.000 actions du *Québec Railway Light and Power*, 15.000 furent échangées titre pour titre contre le capital action des *Canadian Electric C°*, *Québec Gas C°*, *Frontenac Gas C°*, et *Jacques Cartier Electric C°*. Le solde soit 20.000, fut remis aux souscripteurs des obligations.

Les obligations du *Québec Railway* figurent au dernier bilan (30 juin 1912) pour 10 millions 606.400 dollars, soit 53.032.000 francs. La contrepartie de cette dette est représentée à l'actif par un chapitre « Participations » lequel est porté pour 19.160.192 dollars 64 cents. Saluons ces 64 cents qui certainement impliquent une rigoureuse méthode financière. Par malheur, il est tout à fait impossible de savoir si ce poste vaut vraiment 19.160.192 dollars, ou s'il ne vaut que 64 cents.

Les obligations placées en France appartiennent à deux catégories. Il y a les obligations *Québec-Saguenay* et il y a les obligations *Québec-Eastern*.

La *Québec Saguenay* était une voie à construire, quant à la *Québec-Eastern* elle était une ligne inexploitable.

Grâce à elle toutefois, Rodolphe Forget trouva

moyen de placer en France 26.000 obligations *Québec-Saguenay* de 500 francs 5 o/o, qui furent émises en 1911, soit 13.000.000 millions et 50.000 obligations *Québec-Eastern* de 500 francs 5 o/o sur un montant autorisé de 120.000, ci 25.000.000. Total : 38 *millions de francs.*

Les faits sont trop connus pour qu'on y revienne. Un an et demi après le placement, les obligations du *Québec-Railway* ne payaient déjà plus leurs coupons. Indignés de ne pouvoir se faire livrer les éléments essentiels pour juger de la marche de l'entreprise, les administrateurs français démissionnaient bruyamment, l'*Association Nationale des Porteurs Français de Valeurs étrangères* intervenait à son tour, et M. Gaudin, chargé d'une enquête sur les lieux, revenait avec un réquisitoire modéré dans la forme, accablant dans le fond.

Ce rapport formulait les plus sévères critiques sur des opérations somptuaires, futiles ou spéculatives, se montant à 6 millions de francs, aussi bien que sur les distributions inopportunes de dividende aux actions. Ces actes paraissaient d'autant plus regrettables à M. Gaudin que, suivant lui, l'outillage fatigué n'avait pas été amorti, qu'un matériel nouveau était nécessaire pour répondre au développement du trafic, enfin, que la valeur du domaine de la Compagnie semblait de beaucoup inférieure au montant des obligations canadiennes.

M. Gaudin concluait en disant que, néanmoins, la Compagnie eut pu faire honneur à ses affaires, si elle ne s'était annexée les réseaux *Québec-Saguenay* et *Québec-Eastern*.

Québec-Saguenay, *Québec-Eastern*, poids morts, qui ont fait couler la *Québec Railway*, chose digne de remarque ce sont précisément les obligations *Québec-Saguenay* et *Québec Eastern* qui ont été offertes au public français.

Dès lors, il nous importe assez peu que Rodolphe Forget ait victimé son pays et emprunté sur son domaine plus que son domaine ne valait, les Canadiens étaient sur place et pouvaient aisément se rendre compte de la gestion de leur compatriote; ce qui serait de nature à nous fâcher c'est que des banques françaises se soient fait les complices d'un homme que l'*Action*, de Montréal, appelle — en propres termes — un « escroc » (1), et qui offrait en garantie à notre épargne, en lui extorquant 38.000.000, une ligne qui n'était pas en exploitation, plus une ligne qui n'était pas exploitable.

Il est inimaginable, en effet, que des banques de quelqu'envergure n'aient pu se renseigner sur la valeur morale de l'homme, sur la situation réelle de ses entreprises, avec les moyens d'informations dont elles disposent.

Aujourd'hui, par le téléphone, le télégraphe, la correspondance et les journaux, les banques de plus en plus internationalisées savent aussi bien ce qui se passe au Mexique, aux Etats-Unis, au

---

(1) Le *Soleil* et la *Vigie* de Québec ne sont du reste pas beaucoup plus tendres.

Canada, partout enfin où se nouent des affaires, que le petit bourgeois de Landerneau sait ce qui se passe en Landerneau.

Les banques ne peuvent donc exciper de leur bonne foi. Du moins nous les enfermons dans ce dilemme et nous leur disons : ou vous savez ce qu'il en est, et alors, trompant la confiance naïve de vos clients, sciemment vous leur vendez une marchandise frelatée, ou bien vous ne savez rien; mais votre responsabilité n'est pas moindre car par défaut d'information, par légèreté, vous accumulez les ruines, vous dilapidez l'épargne française, vous tuez la poule aux œufs d'or. Dans les deux cas vous êtes coupables et votre châtiment ressortira de vos propres excès, car le petit capitaliste, à bon droit, dégoûté de vos procédés, abandonnera vos guichets et vous laissera pour compte vos émissions nouvelles.

Cours des actions et obligations Québec-Railway

	Action		*Q. S.*		*Q. E.*	
	Plus haut	Plus bas	Plus haut	Plus bas	Plus haut	Plus bas
1910.......	315	205	»	»	»	»
1911.......	345	182	475	441	»	»
1912.......	309	57	460	167	460	154
Cours au 31 juil. 1913.	53		250		239	

CONCLUSION

CONCLUSION

Nous voici arrivés à la fin de cette série d'études. Nous aurions pu continuer longtemps encore, ce n'eût pas été la même matière qui nous eût manqué.

Quand le carré héroïque des vieux grognards eut vu, à Waterloo, déferler sur lui la houle anglaise, et compris que tout espoir de vaincre était perdu, il murmura : « Ils sont trop ».

C'est ce mot que nous laissons échapper: Ce n'est pas 200 feuillets qu'il nous eût fallu,c'est beaucoup plus. Ce roman sinistre où s'allonge à chaque page la liste douloureuse des pertes subies par l'épargne française, où se dégonfle sous le soleil des tropiques le vieux bas de laine de notre race, symbole de tant d'abnégations quotidiennes, total de tant de pièces blanches assemblées, suivant la vieille expression biblique, « à la sueur de son front », eût pu continuer durant 30 ou 40.000 lignes sans que du reste on eût pu concevoir l'espérance de tout ramasser en ce si grand nombre de lettres noires sur papier blanc.

Mieux vaut tourner court...

C'est un sujet présentement fort à la mode que de. discuter sur le « nationalisme financier ». Ce thème prête à d'harmonieux développements. Et comme l'économie financière n'est qu'un mot vide de sens, une espèce nouvelle de discussion moderne sur les universaux, les économistes se divisent actuellement en deux camps, les uns pour soutenir que les capitaux se doivent à leur pays d'origine, les autres pour prétendre que leur exportation est une cause de richesse inappréciable pour le pays exportateur.

Nous n'avons garde de vouloir prendre part à ce débat ridicule. Il y a mieux à faire en ce monde qu'à vouloir mettre d'accord des économistes. Mais si ces dissertateurs étaient capables de regarder autour d'eux, ils se demanderaient peût-être quel bénéfice ont réalisé les porteurs français des titres dont le palmarès figure sur notre couverture.

Y ont-il perdu quelques deux milliards? Vraisemblablement. Mais au fond cela nous laisse indifférent, car s'ils les ont perdus, c'est qu'ils l'ont bien voulu.

Nous le répétons : ils l'ont bien voulu. Eh quoi ! voilà des gens qui, péniblement ont mis sous sur mailles, qui se sont refusé souvent nombre de plaisirs faciles ou tentants et, qui arrivés ainsi à produire quelques économies, n'ont rien eu de plus pressé que de s'en aller les jeter par la fenêtre, en souscrivant à des entreprises menteuses dont ils ignoraient jusqu'au lieu d'origine... et vous voulez qu'on les plaigne!

Sur tant d'adhérents aux valeurs brésiliennes, qui peuplent les villages de France, combien il y en a-t-il qui savent, seulement, à combien de jours par paquebot se trouve le Brésil de nos ports français? Combien il y en a-t-il même qui savent exactement où se trouve le Brésil? Combien il y en a-t-il surtout, qui ont su, pertinemment, en souscrivant, ce qu'était par exemple la *Companhia Geral de Melhoramentos em Pernambuco*?

Tout cela leur importait assez peu. On leur disait que cette vignette à l'aspect engageant était bonne ou que telle autre, de nom aussi tintamarresque, leur assurerait à la fois des rendements avantageux et des chances de plus-value, poussés par l'amour du lucre ils n'en ont pas demandé davantage. . Ils eussent mieux fait tout de même de placer leur argent à la Caisse d'épargne.

Par malheur, à côté de ceux que le désir du gain jetait dans ces pénibles aventures, il y a les naïfs, les crédules, tous ceux que leur honnêteté même livre sans défense aux batteurs d'estrade et aux escrocs, tous ceux enfin qui n'ayant point l'habitude du mensonge, ne se peuvent imaginer que de par le monde, il existe des individus chez qui la tromperie est une habitude et le vol une profession. Ceux-là vraiment sont à plaindre. Mais à quoi du reste peut servir notre compassion? Elle ne saurait leur rendre leurs petits pécules évanouis en fumée.

La leçon a été dure, trop dure peut-être. Encore faut-il qu'elle serve.

« Chat échaudé craint l'eau chaude » dit-on. Soit. Alors que le capitaliste, quand on viendra lui offrir quoi que ce soit, commence par réfléchir. Cela peut paraître une vérité de M. de la Palisse, mais enfin il faut croire qu'il est nécessaire de l'imprimer, puisque nombre de bonnes gens n'ont pas l'air de s'en douter : il y a en France des titres français, il y a en France un grand nombre de sociétés industrielles ou commerciales qui ont des titres sur le marché. Ces titres en valent beaucoup d'autres. Je suppose deux capitalistes : l'un peu gourmand a placé ses disponibilités en obligations 4 0/0 de notre Compagnie de l'*Est*, l'autre plus vorace a acheté des obligations 5 0/0 *Nord-Ouest du Brésil*. Ce dernier se targue que le titre lui coûte moins cher et lui rapporte davantage. Attendons la fin. La fin, c'est bien simple, celui qui a acheté des obligations *Est* voit ses titres cotés 505 francs et son revenu rester à 20 francs, l'autre a payé son titre à la souscription 475 francs, il ne peut plus s'en débarrasser qu'à 370 et son revenu de 5 0/0 a été ramené à 3 1/2 0/0. Qui avait raison ?

Ce n'est pas à dire — cela va de soi — que tous titres étrangers soient mauvais. Un pareil ostracisme serait puéril. Mais il faut savoir choisir. Avant de songer à faire le bonheur des habitants va-nu-pieds d'Antioquia ou de vouloir concourir au développement économique de l'île nègre de Haïti, il convient de s'entourer de quelques renseignements sur ces pays, pour tant de nous fabuleux. Il faut se rendre compte à la fois de leur degré de civilisation, également du souci qu'ils peuvent avoir de respecter leur signature.

Nombre d'États ont fait faillite, nombre d'États ont des dettes en souffrance. Alors il ne faut pas confondre les Rentes du Guatémala, du Nicaragua, du Venezuela, du Honduras, du San-Salvador, de la Colombie, de Liberia, de la Virginie, de Saint-Domingue, de la Floride, de l'Arkansas, ou de la Géorgie avec la Rente française, prussienne ou belge.

Parce que le *Crédit Foncier de France* est le plus merveilleux institut hypothécaire qui soit, il ne faut pas s'imaginer que tout ce qui s'appelle Crédit Foncier ou Banque Hypothécaire assure la même sécurité. Il y a des Crédits Fonciers qui finissent chez le juge d'instruction, après faillite, comme le *Crédit Foncier et Agricole du Sud de l'Espagne.*

Ayons donc moins de souci de venir en aide à la Bolivie, au Costa-Rica, à l'Uruguay, à l'Équateur, au Pérou et au Brésil, et ayons plus de souci d'aventurer moins nos capitaux dans d'incertains placements. Et puisqu'il s'agit ici de chemins de fer ne confondons pas garanties et garanties.

Une confusion s'établit d'ordinaire dans l'esprit du lecteur. Sur le prospectus d'émission flamboient ces mots fatidiques : *garantie par le gouvernement de...* Bon nombre de lecteurs s'imaginent que ces mots signifient que les obligations de ce genre par ce seul fait sont assimilables à des fonds d'Etats. Quelle erreur !

Dans la généralité, pour ne pas dire dans l'universalité des cas, les gouvernements, en même temps que la concession assurent à la Compagnie un minimum *x* par kilomètre de la ligne *exploitée*, C'est à dessein que l'on souligne ici le mot *exploitée*. Car si la ligne, ce qui est arrivé notamment pour le *Nord du Brésil*, si la Compagnie n'arrive pas à établir son réseau, l'Etat ne lui verse rien, ne lui doit rien, et la Société peut tomber en déconfiture ; ces obligations peuvent se négocier à o sans que l'état garant puisse être le moins du monde incriminé de cette malchance.

La morale qui se dégage de la navrante histoire dont nous n'avons pu écrire que quelques pages est bien simple.

Avant de souscrire à quoi que ce soit, il faut lire attentivement tout ce qui concerne la Société emprunteuse, établir de très près sa constitution et son dernier bilan, peser avec circonspection les termes des garanties concédées.

Ces mesures prophylactiques n'empêcheront pas toujours de succomber à la maladie des placements exotiques, mais de temps en temps elles éviteront cependant la contagion du fléau.

Et ce « temps en temps » sera toujours quelque chose de gagné contre le mal dévorant de l'exportation des capitaux, qu'en une boutade Léon Say appelait un jour, si judicieusement, le « phylloxera de l'épargne française ».

TABLE DES MATIÈRES

TABLE DES MATIÈRES

APPENDICE

APPENDICE

Désignation de la valeur	Nombre de titres émis	Cours d'émiss.	Cours au 31 juillet 1913	Etablissements émetteurs et services financiers
Ferrocaril Mexicano del Centro..	39.000	232 50	15 50	Rochette, Carbonneau, etc.
Mexican Union Ry............	9.750	465 »	100 »	Banco di Roma.
Nationaux du Mexique	295.000	462 30	72 »	Banque de Paris. Union Parisienne. Comptoir d'Escompte. Société Générale.
Colombian Central Ry.........	105.000	»	49 »	Banco di Roma.
Colombian National Ry	10.000	424 »	394 50	Société Anglo-Française de Banque.
Great Northern of Colombian ..	64.320	425 »	140 »	Armstrong et Cie.
Cº Gl of Central America	50.000	481 35	405 »	Banque d'Outremer. Dun. Fisher and Cº.
Chemins de fer Vénézuéliens ...	14.568	382 50	36 »	Société Marseillaise. Banque Transatlantique.
Venezuela Central Ry	31.000	»	210 »	Au siège social.
Guayaquil à Quito	»	»	»	
Chemins de fer de l'Equateur....	14.000	426 »	244 »	Banque Commerciale et Industrielle.
Central Ry of Ecuador	10.000	487 50	»	London South Western Bank. Armstrong et Co.

Désignation de la valeur	Nombre de titres émis	Cours d'émiss.	Cours au 31 juillet 1913	Etablissements émetteurs et services financiers
Nord-Ouest du Pérou	49.830	475 »	260 »	Allard et Cie. Banque Transatlantique. Société Marseillaise.
Port Argentine	165.000	462 50	85 »	Banque Alsacienne de Paris.
Rosario à Puerto-Belgrano	275.000	divers	432 »	Bénard et Jarislowsky. Société auxiliaire de Crédit.
Union Argentine Ry	20.000	452 50	150 »	Banco di Roma.
Brazil Ry	173.000	460 »	433 »	Banque de Paris. Société Générale. Sté Centrale des Banques de Province.
Nord du Brésil	50.000	427 50	183 »	Banque Alsacienne.
Nord-Ouest du Brésil	80.000	445 »	175 »	Banque Française pour le Comm. et l'Indust.
Brésilienne de Chemins de fer ...	30.000	450 »	325 »	J. Baschwitz et Cie.
Cie Générale de Rio-de-Janeiro .	24.000	447 50	1 »	Société Marseillaise.
Cie Générale de Pernambuco ...	26.400	445 »	292 »	Banque Commerciale et Industrielle.
Sud du Brésil	40.000	455 »	290 »	Banque Alsacienne. Crédit Foncier d'Algérie.
Nord du Parana	8.700	425 »	327 »	Banque Privée.
Sud-Ouest de Bahia	12.500	465 »	298 »	London Brazilian Bank. Banque Transatlantique.

Désignation de la valeur	Nombre de titres émis	Cours d'émiss.	Cours au 31 juillet 1913	Etablissements émetteurs et services financiers
Nord de Sao-Paulo	60.000	470 »	382 »	{ Allard et Cie. Banque Transatlantique.
San-Paulo and Minas..........	»	448 »	350 »	?
Chemins de fer de Dourado	60.000	465 »	400 »	Louis Dreyfus et Cie.
Est Central Chilien	25.000	475 »	105 »	{ Société Marseillaise. Banco di Roma.
Uruguay East Coast Ry	15.750	475 »	400 »	Société Générale.
St-Louis San Francisco	200.000	470 80	321 »	{ Banque Privée. Union Parisienne.
New-Orléans Mobile Chicago ...	25.000	437 50	181 50	Banque Privée.
Cherryvale Oklahoma	60.000	437 50	5 »	Banque Parisienne de fonds publics.
Bingham Central Ry	9.750	489 25	225 »	Banque Lilloise.
Florida Ry	40.000	472 »	40 50	Banque des Pays-Autrichiens.
Yosemite Short Line..........	6.250	481 75	185 »	Perlès frères.
Cairo and Norfolk	»	473 75	50 »	Banque de l'Ouest.
Georgia South Western	30.000	445 »	60 »	»
Central Ry of Canada	20.000	[illegible] »	220 »	{ Banque Alsacienne. Rodolphe Forget.
Quebec Railway.............	95.000	[illegible] »	53 »	{ Aynard et Cie.
Quebec Sagnenay	26.000	[illegible] »	250 »	Rodolphe Forget.
Quebec Eastern	50.000	460 »	239 »	Banque Française pour le Comm. et l'Ind.

PARIS
IMPRIMERIE DE LA BOURSE DE COMMERCE
35, Rue Jean-Jacques-Rousseau, 35

www.ingramcontent.com/pod-product-compliance
Ingram Content Group UK Ltd.
Pitfield, Milton Keynes, MK11 3LW, UK
UKHW020117200726
13856UKWH00002B/596